캠핑레저를 안전하게 즐기기 위한 가이드

캠핑레저문화

유동균 · 정수봉 · 김 범 · 최승국 · 성윤범 · 이우진 공저

도서
출판 **오스틴북스**

점차 국민의 소득 수준이 높아지고 첨단 디지털 현대사회로 변화되는 가운데 자연에 대한 호기심과 동경은 더욱 커지는 시대이다. 특히, 코로나19 전염병 출현으로 사람들 사이에 대면 접촉이 어려워지며 소수의 인원이 즐길 수 있는 캠핑레저문화는 엄청난 속도로 급성장하였다. 하지만 급속도로 성장하고 있는 캠핑레저문화로 인하여 무분별하게 이루어지는 캠핑이 눈살을 찌푸리게 만드는 모습을 자주 뉴스에서 볼 수 있으며, 크고 작은 안전사고까지 다양한 문제점으로 나타나고 있다.

따라서 무분별하게 이루어지는 캠핑레저문화를 계몽하고, 안전하고 즐거운 캠핑레저를 위한 지침서와 학문적 정립 또한 필요한 시점이다. 사단법인 한국스포츠레저교육협회에서는 수년간 이러한 문제들에 대한 해결방안으로 사단법인 한국스포츠학회(Kano모형을 이용한 캠핑장 서비스 품질 분류와 잠재적 고객만족 개선 지수(PCSI) 분석, 2021)에 논문을 게재하고, 장기간에 자료수집과 연구로 책을 집필하게 되었다.

최근 학문의 연구 방향이 우리 인류를 발전시키고, 안전한 사회 문화를 만들기 위한 방향으로 나아가고 있다. 따라서 캠핑레저문화 역시 안전을 위하여 지금보다 체계적인 관리와 자율적이지만 효율성 있는 시스템이 필요한 상황이다. 이에 캠핑레저문화 교재가 출간되어 보다 안전하고 즐거운 캠핑레저문화를 조성하는데 밑거름이 되기를 바란다.

대표저자 유 동 균

목차

CONTENTS

부록 재난대응 매뉴얼(스포츠안전재단. 2019)

캠핑레저문화

캠핑레저를 안전하게 즐기기 위한 가이드

제 ① 장

캠핑의 개념

제1장 캠핑의 개념

1 캠핑이란

1) 캠핑의 개념

캠핑하면 일반적으로 텐트 또는 차박(자동차를 이용한 야영) 등으로 집을 떠나 야외에서 자연을 즐기며, 음식을 먹거나 잠을 자는 것으로 우리는 쉽게 인식하고 있다. 두산백과(2022)에서 캠핑은 야영 또는 노영이라고도 하며, 캠핑의 본래 의미는 '동지끼리 협동 생활을 한다.'는 것으로, 자연 속에서 서로의 인격에 접촉하는 소박한 협동생활을 함으로써 우호적인 인간관계를 맺고, 등산·수영·낚시 기타 야외 활동을 통해 자연에서 배울 뿐만 아니라 신체를 단련하는 것에 의의를 찾을 수 있다고 한다. 즉, 평소 일상생활 속에서 경험하지 못한 야외 레저활동을 통하여 기분을 전환하며 삶에 활력을 줄 수 있는 활동이라고 할 수 있다.

김산환(2021)은 집과 도시를 벗어나 자연 속에 마련한 임시 거처에 머무르면서 사람과의 우정을 돈독히 하고 자연을 느끼며 배우는 것이라 말한다. 이처럼 캠핑은 일상생활 속에서 벗어나 자연에서 나를 느끼고, 생각하는 시간적 여유 시간을 통해서 힐링하는 문화를 만들었다.

| 캠핑 사진(pixabay.com) |

과거 산업화 시대에도 그렇고 현대의 고도화된 첨단 디지털 시대에도 캠핑은 우리 인간에게 는 일상에서 벗어나 태초부터 본능적으로 가지고 있는 속성인 자연에 돌아가려는 무의식이 찾 는 여가활동일 것이다.

코로나19 여파로 등산·캠핑 등 야외 레저활동이 늘면서 관련 용품 수입도 급증하고 있다. 관세청에 따르면 2022년 1~10월 관련 용품 수입액이 3억 400만 달러로 동기간 역대 최대치를 기록했다. 전년 동기 대비 2.5% 증가한 수치다. 특히, 등산용품은 4,300만 달러로 전년동기대 비 74.5%나 늘었다. 캠핑 용품은 2억 6,200만 달러로 전년동기대비 3.9% 줄었다. 2019년 1~10월 대비 등산·캠핑 수입액은 2.4배 증가했다. 등산은 1.7배, 캠핑은 2.6배 늘었다. 2021 년 역대 최대 수입 실적(3억 5,500만 달러)을 기록한 데 이어서 올해 다시 한번 연간 최대 수입 경신이 예상된다. 등산화 수입은 10여 년 전 아웃도어 열풍 이후 다시 증가한 가운데 특히 스틱 은 1~10월 수입이 지난해 연간 수입액을 넘어 역대 최대다(뉴스1, 2022.11.30). 이와 같은 데 이터에서 확인할 수 있는 캠핑레저산업의 성장은 코로나19와 같은 또 다른 전염병의 발생 또는, 디지털 현대화가 진행될수록 점점 참여자가 증가할 것이다.

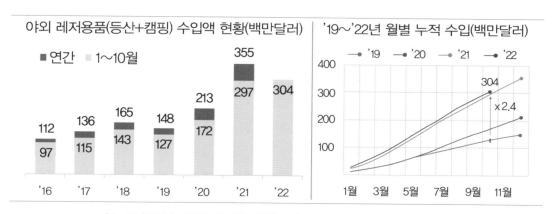

| 뉴스1(코로나 여파로 늘어난 등산·캠핑족…관련용품 수입액 급증) |

복잡하고 빠르게 변화하는 현대사회에서 잠시 벗어나 스트레스를 해소하고, 나만의 공간과 시간을 가질 수 있는 캠핑레저산업은 하나의 문화로 자리를 잡아가고 있으며, 이미 선진국들에 서는 다양한 방식의 캠핑공간과 캠핑 형태로 이루어진 다변화된 캠핑 문화를 보여주고 있다. 캠핑은 미래사회로 갈수록, 첨단화와 도시화로 자연과 멀어질수록 그 가치를 더 인정받을 것이 며(김산환, 2021), 캠핑 참여 동기와 목적에 따라 캠핑레저활동은 더욱 다양화되어 사람들에게 새로운 문화로 발전할 것이다.

2) 캠핑의 목적과 가치

캠핑은 목적에 따라 교육, 훈련, 레크리에이션 등의 목적으로 나누어 볼 수 있다. 그 목적에 맞게 다양한 형태를 가지게 되는데 규모에 따라 소형, 중형, 대형, 국제형이 있으며, 대상에 따라서 어린이, 청소년, 가족, 장애인으로 나눌 수 있다. 주최기관에 따라서는 학교 주관, 동호회 주관, 기관(단체) 주관 등이 있다. 그리고 이동 수단에 따라서 도보 이용, 자전거 이용, 오토바이 이용, 자동차 이용 등으로 다양하게 이루어진다. 목적에 따라 차이는 있겠으나 기본적으로 야외 환경에서 자연과 함께 일상생활에서 느끼지 못하는 새로운 경험을 한다는 것이 가장 큰 가치라고 생각 한다.

김산환(2021)은 캠핑의 가치를 소개하고 있는데, 첫째, 자연을 느끼게 해준다. 둘째, 현대인들에게 휴식을 제공한다. 셋째, 캠핑은 살아있는 자연을 보여줌으로써 풍부한 감성을 키워준다. 넷째, 캠핑은 가족을 위한 배려다. 아빠를 가족의 품에 돌려준다. 다섯째, 아이들에게 사회성을 길러준다. 여섯째, 위기 대처 능력을 키워준다. 일곱 번째, 야외 활동의 폭을 넓혀준다. 여덟 번째, 독립심을 키워준다. 아홉 번째, 요리는 캠핑의 꽃이다. 요리의 즐거움을 안겨준다. 라고 설명하고 있다. 이처럼 다양한 이유와 가치로 인하여 캠핑레저산업은 점차 인기를 높여가고 있으며 캠핑과 관련된 산업의 성장으로 인하여 새로운 문화적 가치를 창출하고 있다.

롯데멤버스 리서치 플랫폼 라임은 캠핑 경험자 600명을 설문 조사한 결과 43.5%가 코로나 사태 이후 캠핑을 시작한 것으로 나타났다. 연간 캠핑 횟수는 5회 미만이 66.7%로 가장 많았고, 5회 이상~10회 미만 19.5%, 10회 이상~15회 미만 11.8%, 15회 이상~20회 미만 1.7%, 20회 이상 0.3% 순이었다. 주로 하는 캠핑 방식으로는 차로 본인 장비를 싣고 가는 '오토캠핑'이 35.5%로 가장 비중이 컸고, 캠핑장 장비로 간편하게 즐기는 '글램핑'(27.0%)이나 캠핑과 피크닉을 합친 '캠크닉'(15.8%)을 꼽은 응답자도 많았다. 그리고 캠핑 때 즐겨하는 활동(중복응답)으로는 바비큐가 97.7%로 압도적이었고, 휴식(66.2%), 불멍(장작불을 보며 멍하니 있기, 53.2%)도 많았다. 캠핑하는 이유(중복응답)로는 '휴식을 취하기 위해'(64.7%), '스트레스 해소를 위해'(55.8%), '가족들과 더 많은 시간을 보내기 위해'(42.3%), '친구들이나 연인과 더 많은 시간을 보내기 위해'(40.7%), '단순히 캠핑이 재미있어서'(39.7%) 등 다양한 응답이 나왔다(연합뉴스, 2022.11.24.). 캠핑 경험자들의 설문 내용에서 보이는 바와 같이 휴식, 스트레스 해소, 재미의 이유가 가장 높은 것은 캠핑레저활동이 주는 긍정적인 가치가 높은 것으로 사료된다.

| 산과 바다(필리핀 세부 부사이산) |

캠핑을 100% 즐기는 100가지 방법(2022)에서는 캠핑은 말할 것도 없이 즐겁다. 좋아하는 장비를 설치하고, 자연 속에서 신선한 공기를 마음껏 누릴 수 있다. 강에서 놀고, 곤충을 잡고, 멍하니 아무것도 안 하며 산림욕을 즐길 수도 있다. 색다른 조리법으로 만든 캠핑 음식을 먹고, 모닥불 주위에 둘러앉아 친구와 술잔을 기울여 본다. 평소와 다른 잠자리가 어색해도 기분 좋은 피로감 덕분에 푹 잠든다. 불붙이는 데 2시간이 걸린 모닥불도, 홀랑 타 버린 밥도, 우글쭈글 설치된 타프도, 돌아갈 때 꽉 막히는 도로까지도 캠핑은 신기하게 이 모든 걸 좋은 추억으로 만들어 준다.

이처럼 캠핑의 가치와 매력은 수도 없이 많으며, 그 묘한 매력은 캠핑레저활동의 다소 불편함을 오히려 가치있게 만들어주고 우리가 일상생활을 살아가는데 새로운 원동력을 제공하고 있는 것이 사실이다. 아마 새로운 원동력을 제공하는 캠핑레저활동의 의미는 우리 인류가 자연에서 탄생하여 진화하고, 발전하여 자연을 그리워하다 다시 자연으로 돌아가는 자연의 이치에 기인하는 것으로 사료된다.

② 캠핑의 역사

　캠핑은 인류의 역사와 함께 시작되었다고 볼 수 있다. 원시 인류에게 캠핑은 생존의 문제였다. 비나 눈, 바람 같은 자연적인 위협과 목숨을 노리는 맹수로부터 자신과 부족을 보호하기 위한 최적의 공간을 확보하는 게 캠핑의 중요한 목적이었다. 인류는 처음에 동굴과 같은 자연적인 은신처를 이용했으나 점차 사냥한 동물의 가죽을 이용해 집(텐트)을 짓는 능력을 갖추게 된다(김산환, 2021). 원시시대는 식량을 찾아 이동하며 살던 삶의 방식이었으며, 인간이 땅에서 작물을 재배하며 정착하게 되면서 뜸하게 이루어지다가 도시 생활로 변화하며 자연에 대한 그리움이 인간의 원초적 본능으로 작용하여 캠핑을 다시 유행하게 만드는 인류 역사적 흐름을 볼 수 있다.

| 캠핑 사진(pixabay.com) |

　캠핑의 세계적인 역사를 잠시 살펴보면 캠핑에 교육적 의의를 부여하고, 일정한 프로그램 아래 집단생활을 실시하게 된 것은 19세기 후반이라고 한다. 그리고 미국에서는 남북전쟁 무렵 워싱턴의 거너리교(校)의 교장이었던 F.W.건에 의해 교육 캠핑이 최초로 시작되었다고 하며, 개인적 캠핑은 1876년 J.T.로드록에 의해 시작되었으며, YMCA 캠핑은 1885년 S.F.두들이에 의해 시작되었다. 1901년에 최초 캠핑 클럽이 창설되었으며, 1933년 최초의 국제 캠핑 회의가 소집 되었다. 또한, 유럽에서는 1896년 베를린에서 일어난 반더포겔 운동, 1910년에 시작된 유

스호스텔 운동이 캠핑을 성행시켰다. 제2차 세계대전 후는 자전거·자동차에 텐트를 싣고 캠핑장을 돌아다니는 오토캠핑도 유럽에서 성행하였다(두산백과, 2022).

국내의 캠핑 역사를 살펴보면 벽화의 유목 생활이나 다양한 형태의 야외생활에서 역사적 사실들을 추측해 볼 수 있으나 구체적인 내용으로는 고대 삼국시대 화랑도가 심신 수양 및 체력단련을 위해 명산대천을 찾아다니며 야영생활을 하고, 협동정신 배양 및 무예 수련을 위해 캠핑의 형태로 이동하며 야외에서 훈련과 연희를 즐겼다는 내용이 있다.

이처럼 캠핑의 역사를 살펴보아도 아이러니하게 기계화가 시작되는 문명의 발달로 인하여 인간은 자연과 함께하려는 원초적 본능을 가지고 있었던 것으로 생각된다.

3 캠핑문화의 장점 및 단점

캠핑은 한글로 야영이라고 하며, '캠핑(camping)'은 텐트나 트레일러 같은 휴대 및 이동의 간이 주거에서 잠을 자거나, 야외생활을 위해 장비를 가지고 여행하는 등의 레크리에이션 활동(네이버 지식백과, 2022)을 의미하고 있다. 모든 활동에는 장점 및 단점이 함께 존재한다. 따라서 캠핑의 장점과 단점을 소개하며 보다 안전하고 즐거운 캠핑레저활동이 될 수 있도록 돕고자 한다.

캠핑의 장점으로는 일상생활에서 벗어나 자연에서 즐기려는 개인 또는 단체 활동을 장점으로 설명할 수 있다. 우선 개인적 캠핑 활동의 장점으로는 혼자만의 시간과 여유를 통해서 인간관계 속에서 평소 느꼈던 복잡한 일들에서 벗어나 나만의 공간과 문화를 향유할 수 있다는 것이 장점으로 마음의 안정과 함께 평화롭고 아름다운 자연이 주는 가장 큰 가치라고 생각한다. 그리고 단체 캠핑 활동의 장점으로는 평소 느낄 수 없었던 동지애와 함께 자연에서 단체의 협동정신을 높이고 구성원들의 이질감을 줄여주는 동시에 어려운 상황에서 협력을 통해 단체의 화합을 높일 수 있다는 것이 큰 장점이다.

무엇보다 캠핑레저활동의 장점은 아름다운 자연과 함께하는 것이기 때문에 자연환경 자체가 주는 감사한 마음과 힐링 할 수 있는 공간일 것이다.

| 자연환경(필리핀 반타얀섬) |

 캠핑의 단점으로는 일반적인 주거 형태가 아닌 간이 형태의 텐트 또는 트레일러와 같은 다소 협소하고, 불편한 공간에서 오는 단점과 공간을 이동하고 다시 설치하는 과정의 복잡함과 불필요한 요소들이 단점으로 이야기되고 있으나 이는 캠핑레저를 즐기기 위한 과정과 요소에서 오는 어쩔 수 없는 과정이라고 받아들이는 경향이 크게 작용하여 캠핑레저의 진입 장벽으로 여겨지지는 않는다.

 하지만 국내 캠핑레저의 중요한 단점으로 안전사고에 대한 대비가 부족하다는 부분이다. 증가한 캠핑 인구만큼 캠핑장 안전사고도 급증하였는데, 최근 5년간 접수된 캠핑장 안전사고 195건을 원인별로 분석한 결과, '미끄러짐・넘어짐', '부딪힘' 등 물리적 충격으로 발생한 사고가 93건(47.7%)으로 가장 많았고, 화재・발연・과열・가스 관련 사고가 50건(25.6%)으로 뒤를 이었다(행정안전부, 2019). 이는 캠핑의 특성상 야외에서 이루어지는 활동이 대부분이기 때문에 이용객들은 캠핑장의 안전을 무엇보다 중요시 생각하는 것으로 판단할 수 있다(유동균, 정수봉, 고영화, 2021).

4 캠핑과 안전

한국소비자원은 구매대행으로 유통되는 가스난로 등 캠핑용 가스용품 22개를 조사한 결과 모두 KC 인증 마크가 없어 안전성이 검증되지 않았다고 밝혔습니다. 캠핑용 가스용품은 화재 등의 위험이 있어 반드시 국내 안전검사를 받아야 하지만 이런 과정 없이 유통되고 있는 것이다. 특히, 제품 구조와 안전성이 우려되는 14개 제품을 시험, 검사한 결과 11개 제품이 국내 기준에 부적합한 것으로 확인됐다. 가스난로 6개와 버너 4개 제품은 가스 누출 또는 일산화탄소 배출 기준을 초과했고 밀폐된 공간에서 사용할 경우 일산화탄소 중독이나 화재 등 사고 발생 우려가 커 주의가 필요했다. 최근 3년간 소비자 위해 감시 시스템에 접수된 캠핑용 가스용품 관련 사고는 59건이었는데, 구매대행으로 구입한 가스버너를 사용하다 폭발이 일어나 화상을 입은 사례도 있었다(MBC뉴스, 2022.11.29.). 현재까지 불법으로 유통되고 있는 캠핑 용품과 무분별한 캠핑으로 인한 캠핑 안전 사고의 문제점은 현재까지도 끝없는 현재 진행형이다.

안전한 캠핑을 위해 지켜야 할 안전 수칙에 대하여 알아보겠다. 먼저, 캠핑장 위치이다. 그냥 풍광이 좋다고 아무 데서나 캠핑을 할 수 있는 건 아니다. 지자체에서 정기적으로 안전점검을 받는 안전 등록 캠핑장이 있으니, 캠핑장은 꼭 안전등록이 되어있는 캠핑장을 이용하도록 해야 한다. 특히, 강변이나 산기슭에서 캠핑하는 이들이 많다. 갑작스러운 소나기로 인해 침수나 고립 등의 응급상황이 발생할 수 있으니, 텐트 설치 장소는 항상 신중하게 선택해야 한다. 항상 물이 흘러간 흔적이 있는 장소보다 고지대에 텐트를 설치하는 습관을 들이고, 수시로 기상정보를 확인하는 습관이 중요하다.

또한, 캠핑안전사고에 물리적 사고가 많은 만큼 올바른 방법으로 더욱 안전하게 텐트를 설치해야 한다. 지대가 평평하고 주변에 암벽이 없는 곳에 설치하는 것이 좋고, 야간에는 텐트줄에 걸려 넘어지지 않도록 야광으로 된 줄이나 스토퍼를 사용하는 것을 권장한다.

캠핑할 때는 가장 중요한 것이 화재 안전이다. 캠핑장에서는 주변의 시설 배치나 대피소, 소화 기구 위치, 이용자 안전 수칙 등을 숙지해야 한다. 전기 연장선을 사용할 때는 선을 끝까지 풀어서 사용하도록 해야 한다. 전선이 감겨 있는 상태로 오랜 시간 사용하면 과열되거나 피복이 손상되어 화재로 이어질 수 있다. 휴대용 가스레인지로 음식을 조리할 때는 삼발이보다 작은 불판과 냄비를 사용하여 과열 등으로 인한 안전사고를 예방해야 한다. 모닥불은 화로를 사용하고, 불을 피우기 전에는 주변 바닥에 물을 뿌려 화재를 예방하도록 해야 한다. 특히, 모닥불을 마치고 난 후에는 잔불이 남지 않도록 확실히 처리해야 한다. 그리고 밀폐된 텐트 안에서 숯이나 난로를 사용하는 것은 화재뿐만 아니라 질식 등 사고로 이어질 수 있어 위험하니, 충분한 환기구를 확보해 주고 잠을 잘 때는 침낭 등 보온용품을 활용하여 체온을 유지하는 것이 좋다.

마지막으로 캠핑을 하려는 사람들은 화재 안전장비(일산화탄소 경보기, 소방포, 소화기 위치표시 야광 스티커)를 갖추어 사고에 대비해야 한다. 날씨가 추워지는 만큼 실내 난로를 이용하는 경우가 많은데, 일산화탄소 중독사고를 방지하기 위해 꼭 '일산화탄소 경보기'를 텐트 내에 설치하여 안전에 유의해야 하고 가장 중요한 환기구를 꼭 확보해야 한다(매일일보, 2022.11.29).

캠핑을 100% 즐기는 100가지 방법(2022)에서는 캠핑을 즐기기 위해 지켜야 할 3가지 사항을 소개하고 있는데, 첫 번째, 자연을 소중히 : 자연에 감사하고, 앞으로도 캠핑을 즐길 수 있게 자연을 소중히 보호한다. '식물에 해를 끼치지 않는다.', '쓰레기나 재를 아무 데나 버리지 않는다.', '물을 더럽히지 않고 낭비하지 않는다.'가 기본이다. 곤충이나 식물 채집을 금지한 곳도 있으니 확인하여야 한다. 두 번째, 안전제일 : 부상이나 사고 없이 안전한 캠핑이 최우선이다. 캠핑 장비는 위험한 것이 많다. 날 불이 나 화기를 다룰 때 당연히 조심해야 하고, 텐트나 타프를 제대로 설치하지 못하면 무너져서 다칠 수 있다. 캠핑 장비를 쓸 때는 설명서를 잘 읽고 올바른 방법으로 다뤄야 한다. 날씨가 안 좋거나 몸 상태가 나쁠 때는 캠핑을 중지하자. 무리하지 않고 즐기는 것도 중요하다. 세 번째, 주위에 피해를 주지 않는다. : 캠핑장에는 캠퍼가 있다는 것을 인지하고, 소리나 빛, 공간 문제로 피해를 주지 않도록 하여야 한다. 취침 시간 같은 캠핑장의 이용 규칙을 지키고, 주변 사람을 배려해야 한다. 이처럼 현재 캠핑레저활동 시 주의사항이나 안전 수칙들은 많이 알려져 있으나 실질적으로 현장에서 인식되거나 활용되는 사례는 적다고 볼 수 있어 캠퍼들이 캠핑레저활동에서 실제로 적용하고 주의할 수 있도록 지속적인 캠핑 안전 교육 시스템이 필요하다.

시민들이 이용하는 청라호수공원 주차장이 캠핑카와 카라반의 무분별한 장기 주차로 몸살을 앓고 있다는 지적이다. 인천시설공단에 따르면 통상 2개월 동안 같은 자리에 주차된 차량을 '방치차량'으로 분류하고 있다. 그러나 캠핑카 운전자가 2개월 사이에 이용한 뒤 다시 주차장에 가져다 놓으면서 차량이 다른 주차면으로 이동하는 경우가 많아 방치차량 통계에 잡히지 않고 있는 상황이다. 아울러 지자체와 공단 측은 캠핑카 주차단속에 어려움이 있다고 하소연한다. 현행 자동차 관리법은 차량을 도로에 방치하거나 정당한 사유 없이 다른 사람 토지에 방치하는 행위를 금지하고 있으나 캠핑카에 대해선 같은 행위를 했을 때 제재할 수 있는 근거법이 없다는 이유에서다. 이 탓에 지자체들은 캠핑카 장기주차 현황을 파악해놓고도 안내문 부착 등 계도 수준에 그치고 있다. 인천시설공단 관계자는 "캠핑카 장기주차 민원이 다수 접수되지만 관련 법령이 없어 과태료 부과와 견인 등 강제처분이 어려운 상황"이라며 "올해 안으로 거주지가 가까운 호수공원 제2·3주차장에는 2.3m 높이 제한 시설물을 설치해 캠핑카 진입을 차단할 계획"이라고 밝혔다(인천일보, 2022.11.29.).

캠핑으로 인한 안전 문제는 끊임없이 제기되고 있으며, 캠핑 안전 문제와 함께 무분별한 쓰레기 배출, 캠핑카 방치, 자연 파괴 등 다양한 사회적 부작용이 발생하고 있는 실정이다. 이는 캠핑의 긍정적인 순기능에 부정적인 역기능을 만들고 있으며, 하루빨리 근본적인 문제를 해결하고 캠핑레저문화산업을 발전시키기 위해서는 제도적 시스템의 도입이나 중앙정부의 역할도 필요한 상황이다.

따라서 캠핑레저 안전사고를 예방하는데 필요한 꾸준한 안전교육 프로그램과 캠핑레저 안전 지침서가 현장에 폭넓게 전파되어 안전하고 즐거운 캠핑레저문화가 정착되기를 기대한다.

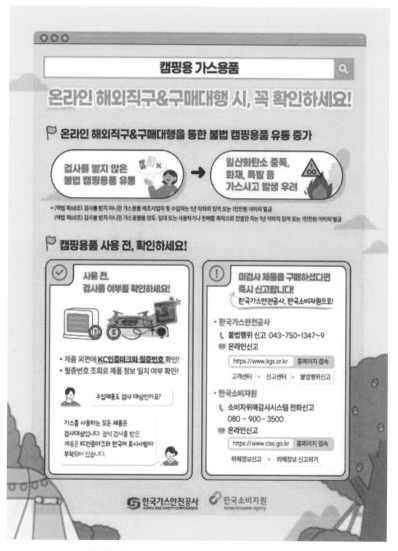

| 캠핑용 가스용품 안전기준(한국소비자원 제공) |

캠핑레저문화

캠핑레저를 안전하게 즐기기 위한 가이드

제 2 장

캠핑 환경 이해

제 2 장 캠핑 환경 이해

1 지형의 특징과 캠핑장의 입지

1) 지형의 특징

(1) 동고서저의 경동지형

우리나라는 지각변동인 요곡 융기 운동에 의해 동쪽은 높고 서쪽은 낮은 비대칭적인 사면을 갖게 된 '경동 지형'이다. 한반도는 중생대 쥐라기 말 가장 심한 지각변동이라 할 수 있는 '후대동기 조산운동'을 받아 강한 습곡과 단층 작용으로 곳곳에 산이 형성되었다. 이후 오랫동안 침식을 받아 오다가 신생대 제3기 이르러 '비대칭적 융기운동'의 결과 동고서저의 지형이 완성되었다.

(2) 저산성, 구릉성 산지

우리나라에 분포하는 산은 평균 해발고도 482m로 히말라야, 알프스 산지처럼 높고 험준하지 않은 노년기 지형이다. 이처럼 해발고도가 대부분 500m 미만의 산지를 '서산성 산지'라 하며, 오랜 지질시대를 거쳐 내려오는 동안에 끊임없는 침식작용을 받은 결과 경사가 완만한 '구릉성 산지'가 되었다. 동고서저의 비대칭적인 지형은 수력발전의 여러 양식 중 독특한 '유역변경식(높은 곳에 있는 댐의 물 일부를 터널을 통해 낮은 곳으로 끌어들인 뒤, 낙차를 통해 전기를 얻는 수력발전 방식)' 발전에 이용되었고, '고위평탄면'에서는 서늘한 기후를 이용해 '고랭지농업(고원이나 산지와 같이 여름철에 서늘한 곳에서 하는 농업)'이 발달했다.

(3) 잔구

우리나라 서부 지역은 유수의 차별적 침식작용의 결과 대부분 낮은 산지가 발달하고, 드물게 북한산, 관악산, 계룡산 등에 잔구 형태의 높은 산지가 나타난다. 북한산 국립공원의 백운대, 인수봉을 비롯한 수많은 봉우리들은 대부분 화강암으로 이루어져 있다. 이곳에서는 곳곳의 절리를 중심으로 풍화가 진행 중에 있다. 그런데 화강암으로 이루어진 북한산과 같은 산은 높은 산으로 남을 수 없게 된다. 실제로 화강암은 고온다습한 기후 환경에서는 지하 수십에서 수백 미터까지 풍화되어 우리나라 서남부 평야지대의 토양층을 형성하였다.

이에 비하여 편마암은 오랫동안 압력에 늘리고 열을 받은 결과 조직이 치밀하고 여러 겹으로 되어 있어서 수분 침투가 어렵고 풍화와 침식이 아주 느리게 진행된다. 이 같은 차이 때문에 화강암과 편마암이 함께 분포하는 곳에서는 차별적인 침식작용이 일어난다. 즉, 화강암 지대는 침식이 이루어져 깊은 골짜기나 평지로 변하고 편마암 지대는 높은 산으로 남는다.

2) 캠핑장의 유형 및 입지

(1) 캠핑장의 유형

캠핑의 유형은 크게 일반 야영장과 오토캠핑장으로 구분한다. 일반 야영장의 경우 정돈된 야영지에 기존 시설을 이용하여 캠핑 기능을 부가하는 추세이다. 최근에는 차를 이용하여 캠핑을 즐기는 캠핑객들이 대부분으로 야영장과 오토캠핑장 간의 경계가 사라지고 있다. 오토캠핑장은 자동차의 주차 및 야영객들의 캠핑 활동 공간을 제공하는 장소로써 차량 중심의 동선과 주차 공간 및 텐트장소를 포함하는 곳을 말한다.

| 일반 야영장과 오토캠핑장 구분 |

구분	일반 야영장	오토캠핑장
대상	일반 이용자	차량소유 이용자
목적	단순 야영활동	관광경유, 동호회활동, 가족휴양
요구 부지	약 20m²	약 80m²
입지	자연근접	해안형, 산악형, 내륙형
시설	미약	복합레저 개발 가능
관리	공공운영 위주	공공, 일반, 공공 & 일반

출처 : 캠핑장 참여 동기에 따른 시장세분화 연구

문화체육관광부의 연구 보고서(2016)에 의하면 입지유형별로 구분했을 때, 계곡 191개(31.7%), 산 118개(19.6%), 테마파크 110개(18.3%), 숲 69개(11.5%), 강 63개(10.5%), 바다 51개(8.5%)순으로 나타났다. 숲에 입지한 캠핑장이 많은 지역은 경기 23개(33.3%), 강원 11개(15.9%), 경북 10개(14.5%)순으로 나타났으며, 산에 입지한 캠핑장이 많은 지역은 경기 48개(40.7%), 강원 13개(11.0%), 경남 13개(11.0%), 전북 7개(5.9%) 순으로 나타났다.

이와 더불어 강변에 입지한 캠핑장이 많은 지역은 강원 16개(25.4%), 경기 12개(19.0%), 경북 10개(15.9%) 순으로 나타났고, 계곡에 입지한 캠핑장이 많은 지역은 강원 64개(33.5%), 경기 61개(31.9%), 충북 17개(8.9%) 순으로 나타났다. 아울러 바다에 입지한 캠핑장이 많은 지역은 충남 15개(29.4%), 강원 7개(13.7%), 인천 6개(11.8%)순으로 나타났으며, 테마파크에 입지한 캠핑장이 많은 지역은 경기 49개(44.5%), 강원 15개(13.6%), 충남 12개(10.9%) 순으로 나타났다.

| 지역별 캠핑장 시설 |

구분	캠핑장 수	숙박시설		자동차진입		입지 유형						규모		
		유	무	가능	불가능	숲	산	강	계곡	바다	테마파트	50 미만	50 이상 100 미만	100 이상
서울	5	–	5	3	2	–	1	–	–	–	4	2	1	2
부산	2	–	2	–	2	–	1	–	–	–	1	1	1	–
대구	1	–	1	–	1	–	1	–	–	–	–	–	–	1
인천	14	4	10	9	5	2	4	–	–	6	2	10	1	3
광주	0	–	–	–	–	–	–	–	–	–	–	–	–	–
대전	0	–	–	–	–	–	–	–	–	–	–	–	–	–
울산	5	1	4	4	1	1	1	–	1	2	–	2	3	–
경기	194	84	110	156	38	23	48	12	61	1	49	118	54	22
강원	126	83	43	87	39	11	13	16	64	7	15	70	37	19
충북	35	4	31	19	16	6	3	3	17	1	5	16	11	8
충남	48	9	39	35	13	6	5	5	5	15	12	27	11	10
전북	32	9	23	18	14	1	7	4	11	5	4	18	10	4
전남	27	2	25	14	13	2	13	4	1	4	3	19	6	2
경북	50	2	48	16	34	10	8	10	15	3	4	28	15	7
경남	52	18	34	32	20	2	13	9	15	4	9	36	9	7
제주	11	–	11	1	10	5	0	0	1	3	2	8	2	1
계	602	216	386	394	208	69	118	63	191	51	110	355	161	86

출처 : 김산환 외(2021), 대한민국 오토캠핑장 602, 꿈의 지도

(2) 캠핑장의 입지

캠핑장의 입지는 캠핑을 하기 위한 장소로 주로 자연자원과 인접한 곳에 위치하고 있다. 캠핑장의 입지는 크게 세 가지로 분류할 수 있다. 먼저 바닷가에 위치한 해안형과 산악지형에 위치한 산악형, 그리고 산악과 해안 사이에 위치한 내륙형으로 분류된다.

◇ **해안형** : 해안의 다양한 경관자원과 섬, 해수욕장 등의 입지를 배경으로 개발된 바다와 인
접한 관광지와 연계 개발 가능한 지역

| 해안형 캠핑장(핀터레스트) |

◇ **산악형** : 수려한 자연경관을 배경으로 계곡과 산악이 어우러진 곳으로 산악산림이 밀집되
어 형성된 지역

| 산악형 캠핑장(핀터레스트) |

◆ 내륙형 : 강, 호수, 댐 등의 입지를 배경으로 한 내륙의 평탄지로서 연중 일정 수량을 유지
하는 안전지대로 침수나 유실 피해가 없는 지역

| 내륙형 캠핑장(핀터레스트) |

2 캠핑과 기상

1) 기상의 이해

캠핑과 기상의 조합은 캠핑을 처음 접해본 사람이라면 의아해 할 것이다. 하지만 캠핑은 야외에서 이루어지는 활동으로 기상을 이해해야만 안전하고 쾌적한 캠핑을 즐길 수 있으며 가히 필수라고 봐도 무방할 것이다.

지형적 특성에 따라 기상현상이 다르게 나타난다. 지구상에는 히말라야, 로키, 안데스, 알프스 등 거대한 산맥에서부터 지역적으로 국지적인 기상에 영향을 줄 수 있는 작은 산까지 무수한 산들이 존재한다. 산의 존재는 평지와 달리 기류의 흐름을 바꾸는 장애물 역할을 하기 때문에 평지와 다른 특이한 기상현상을 만들어 낸다. 이러한 기상현상은 산의 높이, 크기, 기복 등에 영향을 받는다. 산악기상에 대한 바른 이해는 기상일반에 대한 지식을 바탕으로 산의 특성으로 파생되는 특이 현상을 파악하고 나서, 안전한 캠핑을 위해 기상변화를 예측하고자 하는 것이 목적이다. 기상변화의 복잡성으로 볼 때 정확한 예측에는 무리가 있다. 따라서 캠핑을 즐기는 캠핑족이라면 기상청 예보와 더불어 인터넷을 통해 일기도를 포함한 각종 기상정보를 직접 검색하고 기상변화를 과학적으로 분석하는 능력을 배양하는 것이 바람직하다.

2) 기상변화에 대한 이해

기상변화는 항상 균형을 이루고자 하는 자연의 법칙을 따른다. 자연은 기상변화를 통해 대기가 갖는 에너지를 균등하게 나눈다. 즉, 에너지가 필요한 곳에 에너지를 공급해 주는 과정이 자연의 일부로서 기상의 역할이다. 대기의 에너지는 공기 자체의 온도와 수증기가 포함하고 있는 잠열로 나타난다. 온도 차이에 따라 기압 차이가 나타나고 이를 해소하기 위해 바람이 불어 에너지의 균형을 이루고자 한다. 이 과정이 쉴 새 없이 지속되는 동안 각종 기상 현상들이 나타나는 것이다.

(1) 대기의 상태

대기가 갖고 있는 에너지는 대기 자체의 온도가 가지고 있는 열과 대기 중에 포함된 수증기가 갖고 있는 숨은열이다. 따라서 대기의 상태는 온도와 습도를 측정하면 알 수 있다.

물은 자연 상태에서 고체, 액체, 기체의 형태로 공존하고 있다. 물이 수증기로 증발하려면 일정량의 열이 가해져야만 하는데, 이때 가해진 열이 수증기에 축적된다. 이를 잠열이라 한다. 반대로 수증기가 물로 바뀌는 응결 현상에서는 잠열이 수증기에서 빠져나와 주위를 가열시킨다.

(2) 기압

기압은 대기가 누르는 힘으로 특정한 높이 위쪽에 있는 모든 공기의 무게를 말한다. 공기의 무게는 개별 공기 분자의 무게로, 온도가 높을수록 팽창하여 가벼워진다. 따라서 높이가 같다면 위쪽 공기의 온도에 따라 기압이 달라진다. 상층 공기의 온도가 일정하지 않을 경우 기압 차이가 발생하고, 이 차이로 인해 바람이 부는 것이다. 바람은 에너지의 균형을 이루고자 하는 공기의 이동이다.

(3) 바람

바람은 기압 차이 때문에 생기는 실질적인 공기의 이동이다. 기압 차이는 공기의 온도 차이로 생기기 때문에 결국 바람은 높이에 따른 온도의 불균형 때문에 일어난다. 만일 광범위한 지역에서 기압이 같으면 이 지역에서는 바람이 불지 않는다. 이는 이 지역 상층부 공기의 온도 분포가 같다는 것을 의미한다.

바람은 기압이 높은 곳에서 낮은 곳으로 분다. 팽팽하게 부푼 풍선의 공기 주입구를 열면 풍선 안에 있던 공기가 상대적으로 기압이 낮은 풍선 밖으로 빠져나오는 것을 볼 수 있다. 이 때 풍선에서 바람이 빠져나오는 속도는 기압의 차이가 클수록 강하듯이, 자연에서 바람의 속도 역시 주변의 기압 차이가 클수록 커진다.

3) 대기 안정도와 상승 기류

야외는 날씨 변화가 심하다. 갑작스레 안개가 끼고 비가 내리다가도 금세 맑은 날씨가 되기도 한다. 이런 날씨 변화는 대기의 안정도와 상승기류의 역할과 깊은 연관이 있다.

(1) 대기 안정도

맑은 날, 흐린 날, 비가 오는 날 등 매일 매일의 일기 변화에서 중요한 것이 대기 안정도이다. 대기 속의 공기 분자는 중력의 힘을 받아 무거운 공기부터 가벼운 공기 순으로 차곡차곡 쌓이게 된다. 공기는 높이에 따라 밀도가 변하기 때문에 공기의 무게를 비교하는데 복잡성이 있다. 이 때 공기 무게를 에너지 개념으로 바꾸면 쉽게 이해할 수 있다. 덥고 습한 공기는 높은 에너지, 차고 건조한 공기는 낮은 에너지를 가졌다고 할 수 있다.

(2) 상승 기류와 산악기상

대기 중의 상하운동은 중력의 영향 때문에 수평운동인 바람에 비해 약하게 일어난다. 하지만 산은 바람의 장애물 역할을 하기 때문에 복잡한 지형에 따라 2차적인 상승기류와 하강기류가 생겨나 변덕스러운 날씨를 만든다. 대기 중에서 상하운동이 활발히 일어나면 하강기류 지역에서는 날씨가 맑아지고 반대로 상승기류 지역에서는 구름이 끼고 비가 올 확률이 커진다. 상승기류가 일어난다고 전부 악천후로 연결되는 것은 아니지만, 모든 악천후는 반드시 상승 기류와 연관되어 있다.

즉, 상승 기류는 악천후의 필요조건이다. 반대로 하강기류는 일어나는 지역에서는 맑은 날씨가 유지된다.

4) 산악기상의 특성

(1) 산바람과 골바람

산은 평지보다 단면적이 크기 때문에 태양 에너지를 받는 낮에는 평지보다 더 많은 에너지를 흡수할 수 있고, 밤에는 평지보다 많은 에너지를 방출한다. 즉, 산은 평지보다 쉽게 가열되고 쉽게 식는 특징이 있다. 또 태양 에너지를 받는 곳과 받지 못하는 곳의 지역적 차이가 크다. 이러한 특징 때문에 산바람과 골바람이 생긴다.

산바람은 산에서 평지로 부는 바람이다. 맑은 날 밤에는 산 정상 부근이 평지보다 빠르게 기온이 떨어진다. 기온이 낮아짐에 따라 공기가 무거워져 하강하면서 주 계곡을 따라 산에서 평지로 바람이 분다. 낮이 되어 평지와 산의 온도차가 줄어들면 산바람은 약해진다. 따라서 산바람은 밤에서 새벽에 걸쳐 나타난다.

골바람은 반대로 평지에서 산으로 부는 바람이다. 낮에 산이 평지보다 빨리 가열되어 산의 공기가 상승하기 때문에 이를 보충하기 위해 평지에서 산 쪽으로 바람이 부는 현상이다. 따라서 골바람은 낮에 일어난다. 낮에는 골짜기에서 산꼭대기를 향한 바람이 불고 이를 골바람, 밤에는 산꼭대기에서 골짜기 또는 평야를 향한 바람이 부는데 이를 산바람이라고 하며, 이것들을 총칭해서 산곡풍이라 부른다.

(2) 푄(foehn) 현상

산에서 불어 내리는 건조하고 기온이 높은 바람을 푄이라 한다. 원래 알프스 산중에서 발생하는 국지적인 바람의 명칭이었으나, 현재는 일반적으로 사용되고 있다. 산을 넘은 바람이 산을 넘기 전보다 고온 건조하게 된다. 바람이 사면을 따라 불어 올라갈 때에는 습도가 100% 전까지는 높이 100m 당 약 1도씩 온도가 떨어지다가, 수증기가 포화상태에 이른 다음에는 수증기의 잠열 방출에 따라 100m 당 약 0.5도씩 더디게 떨어진다.

우리나라에 서풍이 불어올 경우 태백산맥 뒤쪽에 위치한 영동 지방에서는 푄현상으로 인해 고온 건조한 상태가 나타나고 종종 강릉에서 전국 최고 기온이 관측된다. 반대로 동풍이 불어올 경우 영동지방은 구름이 끼고 상대적으로 찬 기온을 보이는 반면, 영서 지방은 고온, 건조한 높새 바람이 분다.

(3) 강풍

바람은 체감온도를 떨어뜨리고 풍압에 의해 균형을 잃게 한다. 요즘은 캠핑 장비가 좋아져 체감온도 하강은 어느 정도 견딜 수 있지만, 아직도 강풍은 캠핑의 위협적인 요인이 된다. 캠퍼들이 구축해 놓은 사이트를 날려버릴 정도의 위험이 되기도 한다. 바람은 기압 차이가 클수록 강하게 불지만 산에서는 지형에 따라 달라진다. 즉 바람이 능선에서는 강하게, 계곡에서는 약하게 분다. 산은 바람의 장애물 역할을 하기 때문에 바람은 산을 만나면 그 흐름을 바꾸어야 한다. 산세를 따라 위로 넘어가던가, 산을 끼고 옆으로 돌던가 해야 한다. 이러한 과정에서 일시적으로 힘의 균형이 깨지고 산을 넘은 후에는 이를 다시 회복하기 위해 여러 가지 현상들이 일어난다.

(4) 안개

안개는 캠핑 중 시야를 가려 위치를 파악하기 어렵게 만든다. 안내표지가 많은 캠핑장에서가 아닌 경우에는 지도가 있어도 안갯속에서는 길을 잃을 수 있다. 안개는 공기 중의 수증기가 포화상태에서 물방울로 응결할 때 생기는데 온도가 낮아지든지, 수증기의 공급이 있든지 또는 두 가지가 동시에 작용할 때 이루어진다.

산 때문에 발생하는 안개로는 골안개와 산안개가 있다. 골안개는 맑고 추운 새벽에 낮은 계곡에 생기는 안개로 높이가 일정하게 발달하는 것이 특징이다. 우리나라에서는 주로 봄과 가을에 내륙 산간 지방에 자주 발생하며 이 시기에 규모의 차이는 있으나, 맑고 바람이 없는 새벽에는 예외 없이 안개가 발생한다고 해도 과언이 아니다.

산안개는 말 그대로 산에 생기는 안개로 바람이 부는 쪽 경사면을 오르는 공기가 냉각되면서 발생하는 안개지만 구름과 특별한 구분은 없다. 산에 걸리는 구름도 그 속에 들어가면 보통 산안개라 부른다. 산안개는 거의 비슷한 높이로 산 윗부분이 안개로 덮이는 반면, 골안개는 비슷한 높이로 산 아래에 안개가 끼는 점이 다르다. 봄과 가을 맑고 바람 없는 새벽에 형성되는 골안개와 달리 산안개는 언제든지 발생할 수 있다. 산안개의 경우 불안정한 대기 상태에서는 지형적으로 비나 눈을 내리기도 한다.

(5) 폭우와 폭설

폭우나 폭설은 캠핑 중에 가장 위험한 기상 조건이다. 비나 눈이 오는 기상학적 원인은 여러 가지가 있다. 종종 평상시에는 내리지 않는 비나 눈이 산에 내리는 경우도 있다. 대개 이런 경우에는 등반에 직접적인 위험을 줄 정도의 양은 아니다. 캠핑에 위협을 가하는 집중호우나 폭설은 산 뿐만 아니라 평지도 많은 양의 비나 눈을 뿌린다. 이 경우 산은 바람이 부는 방향에 따라 지역으로 강수량을 조절하는 역할을 한다.

즉, 바람이 부는 사면에서는 상승기류가 작용하여 강수량을 증가시키고 반대편 사면에는 하강기류에 의해 강수량이 약해진다. 폭우나 폭설은 산의 지형적 요인보다는 주로 기상학적 요인에 의해 발생하므로 기상청 예보를 참고하는 것이 최선의 방법이다. 폭우로 인해 주변의 산지에서 토사가 유출될 수 있으며 계곡의 불어난 물로 인해 고립되는 경우가 많다. 폭설의 경우에는 텐트 위에 쌓이게 되어 텐트를 무너뜨릴 수 있으며 많은 눈으로 이동로가 폐쇄되어 고립되는 경우가 생길 수 있으니 주의해야 한다.

(6) 천둥과 번개

번개는 구름 중에 축적된 양(+)전하와 음(-)전하 사이 또는 구름과 지면 사이의 불꽃 방전을 통칭한다. 번개는 우리나라에서 여름철 대기 상하층의 기온 차이가 크고, 햇볕이 강한 날 하층 공기가 가열되어 대기가 불안정할 때 소나기구름이 형성되면서 주로 발생한다. 즉, 아래쪽에 따뜻하고 습한 공기가 놓여 있고, 위쪽에 차고 건조한 공기가 놓여 대기가 불안정할 때 나타난다. 산에서는 복잡한 지형 때문에 강한 상승 및 하강기류 생성이 촉진되어 번개가 발생하기 쉬운 조건을 제공한다. 또 상대적으로 높은 위치에서 주위에 열과 수증기를 제공할 수 있어 번개 발생을 촉진하는 역할을 한다.

산에서 번개를 만나면 가능하면 높은 곳을 피해 계곡 쪽으로 피하는 것이 좋다. 나무가 없는 봉우리의 경우 낮은 곳으로 내려오는 것이 좋고, 큰 바위의 경우 번개의 주요 표적이 되므로 되도록 피해야 한다. 텐트 또는 철 재질의 구조물도 번개에 노출되기 쉬우니 주의해야 한다.

캠핑 가기 전 꼭 체크해야 하는 기상으로는 크게 세 가지가 있다. 기온, 강수 확률, 그리고 바람이다.

☑ 체감온도 및 최저온도 확인하기

체감온도란 습도나 바람 등을 고려해서 사람이 체감적으로 느낀다고 가정하는 추상적인 온도다. 산속이나 바다에서는 도심과 달리 바람이 많이 불어 체감적으로 훨씬 춥게 느껴진다. 이와 더불어 공원의 새벽 기온은 봄에도 영하로 내려가기에 캠핑을 떠나기 전날, 혹은 당일 오전에 체감온도와 최저기온을 확인 후 그에 맞는 적절한 캠핑 장비를 준비해야 한다. 우리나라 기상청에서는 온도, 풍속, 체감온도 등도 제공하니 기상청 예보를 확인하는 것이 중요하다.

☑ 강수확률 확인하기

캠핑을 하는 기간 동안의 강수확률을 미리 꼼꼼하게 살펴보는 것도 중요하다. 비올 확률을 확인하지 않고 방수 기능이 없는 텐트를 설치했다가 2차 사고를 유발할 수 있기 때문에 사전에 강수량뿐만 아니라 강수확률을 꼭 확인해야 한다.

TIP 비가 올 때는 어디든 신경 써라!!

비는 캠퍼들에게 낭만을 선사하기도 하지만 자연의 많은 부분을 바꾸어 버릴 정도로 엄청난 힘을 숨기고 있다. 때문에 비가 온다면 사이트 선정부터 철수 결정까지 조금도 망설여서는 안 된다.

✦ **사이트 선정** - 비가 오거나 예보되어 있을 때에는 계곡을 낀 급경사면은 피해서 자리를 잡아야 한다. 계곡이나 강가의 범람선 위쪽으로 사이트를 구축해야 혹시라도 모를 고립에 대처할 수 있다. 물이 고였다 마른자리에는 텐트를 치지 않는 것이 자는 사이 비가 왔을 때 물 위에서 잠자게 되는 웃지 못할 일을 피할 수 있다.

✦ **소나기를 만났다면** - 캠프장에 도착했는데 갑자기 하늘이 어두워지기 시작하면서 습한 바람이 불어온다면 소나기가 쏟아질 징후이니 사이트 세팅에 대한 결정을 빨리 해야 한다. 맑은 하늘이었다가 갑자기 변한 상황이라면 지나가는 비일 가능성이 높으니 여유를 가지고 기다렸다가 비가 그친 후 사이트를 세팅하는 것이 좋다.

✦ **하늘이 흐린 상태에서 더 어두워졌다면** 오래 올 소나기일 가능성이 높으니 타프를 먼저 펴고 그 아래에서 텐트를 세팅하는 방법으로 재빠르게 사이트를 완성하는 것이 좋다. 하지만 번개를 동반한 상황이라면 텐트 설치는 나중으로 미뤄두는 것이 안전하다.

✦ **철수는 과감하게** - 계곡 옆쪽에서 캠핑을 할 경우에는 철수 결정이 제일 중요하다. 계곡 상류쪽이라면 물이 급격히 불었다가 순식간에 빠지기 때문에 계곡과 조금 떨어져 있다면 웬만한 비에는 안심해도 좋다. 하지만 중하류라면 상황이 달라진다. 계곡 중하류의 물은 여러 상류의 물이 합쳐지기 때문에 불어나는 속도가 예상을 훨씬 웃돈다. 때문에 계곡과 거리가 있더라고 계곡보다 지대가 낮다면 비가 2시간 이상 거세게 내릴 때에는 철수하는 것이 안전하다.

출처 : 기상청(2022), 생활 속 기상이야기

☑ 풍속 확인하기

캠핑에 있어 온도와 강수확률 확인도 중요하지만 가장 중요한 것은 바람이다. 특히 초보 캠퍼들은 바람을 간과하기 쉽다. 눈과 비는 텐트로, 온도는 냉·난방기구로 해결할 수 있지만, 바람이 강하게 불면 아무리 좋은 텐트라도 바람 앞에 장사 없다.

이에 캠퍼들은 필히 풍속을 확인해야 한다. 하지만 풍속만 봐서는 감이 잘 오지 않기 때문에 참고해야 할 보퍼트 풍력 계급을 소개한다. 보퍼트 풍력 계급표에서는 계급이 0에서 12까지 있는데 캠핑을 하기에 좋은 풍속은 3등급까지로 볼 수 있다. 4등급으로 풍속이 이를 때에는 평소보다 팩을 더 단단히 박아야 한다. 보통 바람이 잔잔한 날에는 귀찮아서 텐트의 팩을 좀 덜 박기도 하는데 이런 날은 꼼꼼히 모든 팩을 다 박고, 가벼운 용품들은 텐트 안에 넣어 둔다. 강한 바람은 내가 구축해 놓은 시설을 한순간에 날려버리기도 하므로 주의해야 한다.

풍력계급	명칭	지상의 상태	지상 10m의 풍속(m/s)
1	고요	연기가 똑바로 올라간다.	0.0~0.2
2	실바람	풍향계에는 기록되지 않지만 연기가 날리는 모양으로 보아 알 수 있다.	0.3~1.5
3	남실바람	얼굴에 바람을 느낄 수 있고, 나뭇잎이 살랑인다.	1.6~3.3
4	산들바람	나뭇잎과 가느다란 가지가 흔들리고 깃발이 가볍게 날린다.	3.4~5.4
5	건들바람	먼지가 일고 작은 가지가 흔들린다.	5.5~7.9
6	흔들바람	잎이 무성한 작은 나무 전체가 흔들리고, 강이나 호수에 잔물결이 일어난다.	8.0~10.7
7	된바람	큰 가지가 흔들리고 전깃줄이 울리며 우산 받기가 힘들다.	10.8~13.8
8	센바람	나무전체가 흔들리고 바람을 향하여 걸어 갈 수 없다.	13.9~17.1
9	큰바람	가느다란 가지가 부러지고 바람을 향하여 걸어 갈 수 없다.	17.2~20.7
10	큰센바람	굴뚝이 넘어지고 기와가 벗겨진다.	20.8~24.4
11	노대바람	나무가 뿌리채 뽑히고 주택에 큰 피해를 입힌다.	24.5~28.4
12	왕바람	경험하기 매우 힘들며 광범위하게 파괴된다.	28.5~32.6
13	싹슬바람	육지에서 관측된 예는 없다.	32.7 이상

| 보퍼트 풍력 계급표(기상청) |

이 외에도 날씨 관련 정도를 알려주는 앱이 있다면 설치하여 일일 기상현황, 특보상황 등의 날씨 정보를 확인할 수 있다. 특히, 여름철 계곡이나 산으로 캠핑을 갔을 때 아주 유용하게 사용할 수 있고, 도심에 살고 있는 분들은 산속의 변덕스러운 날씨에 다소 당황스러울 수 있으니 필히 확인하기 바란다.

　　막 캠핑을 시작한 캠퍼들에게 날씨는 아주 중요한 고려 요인이 된다. 비가 온다는 예보만 있으면 계획했던 캠핑을 취소하기 바쁜 초보 캠퍼들은 어떻게 보면 오랜 기간 캠핑을 해온 자칭 캠핑 고수들보다 현명한 캠퍼일지도 모른다. 웬만한 날씨는 다 겪어봤다며 위험한 상황이 다가올 때에도 자만해 움직이지 않다가 봉변을 당하기 쉬운 쪽은 자칭 캠핑 고수들이다. 갑자기 변덕을 부린 날씨가 심상치 않다면 아무리 오래 준비를 해왔던 캠핑이라도 과감하게 돌아서서 다음 기회를 기약하는 것이 안전하다.

자연 재난 사례

　　캠핑장에서의 국내 외 자연재난 사례를 인터넷 뉴스 및 재난 60년사 등의 문헌을 통해 조사하였다. 자연재난의 경우 많은 사례를 찾을 수는 없었으나 주로 하천, 산지, 계곡에 위치한 야영장에 집중하여 발생하며 대형 인명피해 및 시설물 유실 등 큰 경제적 피해를 동반하는 것을 알 수 있었다. 피해가 발생한 근본적 원인으로 입지조건 요인과 신속한 대피 체계 부재에 있는 것으로 판단된다. 먼저 태풍 피해 사례로 미국 뉴저지주의 Parvin 주립공원 캠핑장에서 2012년 6월 태풍으로 나무가 쓰러지면서 캠핑장 가건물을 덮쳐 어린이 2명이 사망한 사고가 발생하였다. 미국 Arkansas주립 캠핑장에서는 2010년 6월에 발생한 홍수에 휩쓸려 야영객 19명이 사망하고 60명이 구조되는 재난이 발생하였다. 한편, 우리나라 지리산 계곡 일대에서 심야시간의 집중호우로 인해 급류와 토석류가 계곡을 휩쓸고 가면서 야영객 95명이 사망 또는 실종되는 대규모 피해가 발생하였다. 1998년 재난 당시 국립방재연구소(현 국립재난안전연구원)의 피해조사 결과에 따르면 다들 잠든 심야시간에 발생하였기에 대피 예 경보 조치 발령이 늦어졌고, 피서객들도 취침 중에 일어난 일이라 대피가 늦어져 그 피해가 더 심각하였던 것으로 나타났다.

출처 : 박소순, 오금호(2013), 안전한 캠핑장 운영을 위한 정책적 개선방안에 관한 연구

3 ‌캠핑 장소의 중요성

　　캠핑의 장소는 캠핑의 목적과 자신의 취향에 알맞은 장소를 선택하는 것이 매우 중요하다. 그렇다고 부담스러워할 필요는 없다. 최근 전국 각지에 좋은 캠핑장이 많이 생겨 편의시설이 잘 갖추어진 환경에서 캠핑을 즐길 수가 있다. 하지만 우수한 시설이 꼭 필수조건은 아니다. 꼭 가보고 싶은 곳이 오지라고 해도 캠핑 장소가 될 수 있는 것이 바로 캠핑이기도 하다. 다시 말하자면 캠핑장을 선정하기에 앞서 캠핑의 목적, 장소, 시설, 위치 등을 자신과 동반자의 취향, 상황 등에 잘 맞춰봐야 한다.

📝 다음은 캠핑 장소 선택 시 고려해야 하는 질문들이다.

1. 캠핑장 선택 필수 고려 사항은?
2. 캠핑의 목적 : 여유로운 휴식을 취할 것인가? 아니면 익스트림 스포츠, 또는 관광을 즐길 목적인가?
3. 캠핑의 장소 : 함께하는 가족, 친구, 동료가 산, 바다, 계곡 등 어떠한 곳을 가장 선호하나? (원하는 여행 목적지와 가까운 캠핑장을 선택하고, 교통편이 편리한 곳이나 자연환경이 아름다운 곳을 생각하자.)
4. 캠핑의 시설 : 화장실, 샤워장 등 부대시설의 유무는? (물 공급시설, 전기, 인터넷 등이 제공되는지 확인하고, 주방시설, 세탁기 등의 여분 시설이 있는지도 고려하자)
5. 캠핑의 위치 : 집으로부터 얼마나 떨어진 거리인가?
6. 기타 : 주변 먹거리나 이색적인 환경 특색 등
7. 안전 : 캠핑장 내 안전이 보장되는지, 캠핑장 내 경비가 있거나 밤에 조명이 활성화 되는지, 안전시설이 제공되는지 확인하고, 동물의 진입을 막기 위한 시설도 확인해보자
8. 가격 : 캠핑장은 가격대가 다양하다. 예산을 고려해서 선택해야 하고, 가격에 따라 제공되는 서비스나 시설도 달라질 수 있으므로 예산을 정하고 예산에 맞는 캠핑장을 선택하자

우선 캠핑장 선정에 앞서 가정 먼저 고려해야 할 것은 안전이다. 안전을 소홀히 한다면 휴식과 더불어 즐거움을 위해 떠난 캠핑장에서 불의의 사고가 발생할 수도 있다. 캠핑 장소에 대한 특징을 알고 중요 안전사항을 숙지해야 하는 것은 물론, 필수 장비를 다루는 방법에 대해서도 미리 숙지해야 한다.

1) 국공립시설 캠핑장

각 지차체들의 캠핑장은 많은 사람이 찾는 주요 캠핑장으로 각광받고 있다. 인터넷 예약도 가능하고, 시설도 훌륭하다. 초보 캠핑족들을 위해 전기 공급을 비롯한 부대시설이 잘 갖춰져 있다. 단점이라고 한다면 좋은 부대시설을 갖춘 만큼 자연환경이 조금 부족한 경우도 있는데, 이런 경우에는 주변 관광지와 연계하는 캠핑을 추천한다.

2) 사설캠핑장

사설캠핑장 중에서도 오토캠핑족의 꾸준한 사랑을 받는 곳이 많다. 유명한 사설캠핑장은 발 디딜 틈이 없다는 사실! 따라서 사설캠핑장은 방문에 앞서 미리 잘 알아보고 방문해야 한다. 또한, 인터넷을 통해 정보를 구할 때, 캠핑장 홍보를 위해 다소 과장이 심한 글들도 많으니 여러 후기를 잘 비교해 보는 것이 필요하다. 특히 사설캠핑장의 경우 미등록 야영장도 다수 있기에 해당 캠핑장이 야영장 등록이 되어 있는지 확인하는 것도 매우 중요하다.

3) 휴양림, 산 등

캠핑의 진정한 묘미를 느낄 수 있는 부분이다. 부대시설은 없지만, 자연과 함께하며 여유로운 휴식을 취하고 싶을 때는 최적이다. 부대시설이 부족한 만큼 만반의 준비가 필요하다.

4) 바다

봄, 여름, 가을, 겨울 4계절 언제 방문해도 속이 탁 트이는 바다도 좋은 장소이다. 유명한 해변은 언제나 사람들로 붐벼 조용한 휴식을 취하기는 조금 어렵다. 해변가와 가까운 다양한 캠핑장소가 있지만, 해수욕장 이용객이 많은 여름에는 깨끗하지 않거나 혼잡한 탓에 불편한 경우가 있으니 이 시기를 피하는 것도 방법이다.

캠핑레저문화

캠핑레저문화

캠핑레저를 안전하게 즐기기 위한 가이드

제 **3** 장

캠핑 장비

제 3 장 캠핑 장비

1 캠핑 장비의 첫걸음

자신에게 필요한 모든 것이 갖춰져 있는 집과 달리, 야외에서의 캠핑에는 약간의 불편함이 따르기 마련이다. 하지만 눈앞에서 지는 석양과 밤하늘에 반짝이는 별과 텐트 밖 일출의 순간을 마주할 수 있다면 이 모든 수고로움은 조금은 너그러운 마음으로 감당해도 좋지 않을까? 캠핑의 장비는 애초에 숙박시설이 없는 외지에서 야영을 편하게 하기 위한 행위이므로 캠핑용품의 상당수는 재난 등 비상 상황에서도 유용하게 쓰일 수 있는 것들이다. 보다 안락한 캠핑을 위해 꼭 필요한 장비를 소개한다.

1) 텐트

가벼우면서 견고해야 한다. 또 설치와 철거가 빠르고 쉬워야 좋다. 종류는 1인용에서 2~4인용, 그 이상까지 다양하지만 4인용 이상은 부피도 크고 무거울뿐더러 만약 백패킹 중에 사용한다면 산에서는 칠 만한 공간이 마땅치 않다.

| 텐트(헬스포츠) |

2) 침낭

화학섬유 침낭과 우(牛)모 침낭이 있으며 계절에 맞는 제품을 준비하는 것이 가장 중요하다. 크게 하계용, 춘추용, 동계용으로 나뉘며 봄~가을철 두루 사용하는 3계절용이 있다. 최근에는 하계용을 제외하고 대개 우(牛)모를 사용한다.

| 침낭(헬스포츠) |

3) 매트리스

매트리스는 텐트와 침낭 못지않게 중요한 숙영 장비다. 땅에서 올라오는 냉기와 습기를 전면 차단해주기 때문이다. 매트리스는 크게 발포 스펀지형과 공기주입형으로 나뉜다. 발포 스펀지형은 가볍고, 단열성이 좋으며, 가격이 저렴하다는 장점이 있으나, 부피가 크고 습한 곳에서는 물기를 머금어 무거워질 수 있다는 단점이 있다. 단열성이나 부피와 무게 등을 고려할 때 공기 주입형이 우수한 성능을 보이지만 가격이 비싸고 튜브가 갑작스레 터지는 상황을 대비해야 한다는 단점이 있다.

| 매트리스, 매트(핀터레스트) |

4) 타프

방수 처리한 천인 타포린(tarpaulin)의 줄임말이 타프다. 햇빛을 가리고 비와 바람을 막아 줘 텐트 없이 비박할 때 요긴한 장비다. 당일치기 캠핑에도 유용하다. 매우 작고 가벼워 휴대하기에 좋으며, 침낭 커버가 있더라도 그 위에 타프를 설치하면 한결 쾌적한 야영을 즐길 수 있다. 한편 고어텍스 소재의 침낭 커버는 침낭의 보온효과를 높여주고 숙영지에서 비바람과 눈으로부터 침낭을 보호해준다. 무엇보다 장소에 큰 제약 없이 야영할 수 있다는 것이 최대 장점이다.

| 타프(헬스포츠) |

5) 스토브

요리를 하기 위해 불을 켜는 캠핑용 도구 혹은 난로를 말한다. 스토브는 연료와 용도에 따라 다양하므로 캠핑 스타일을 꼼꼼히 따져서 구입하는 것이 좋다.

| 스토브(pixabay.com) |

6) 코펠

냄비, 프라이팬, 접시, 밥그릇을 겹겹이 포개어 한 번에 수납하는 휴대용 식기다. 야영 중에 밥도 짓고 국도 끓이고 커피 마실 물도 끓일 수 있다.

| 코펠(핀터레스트) |

7) 다용도 나이프 및 수저

다용도 나이프는 캠핑의 필수품으로 음식을 손질하거나 로프를 자르거나 나무를 깎을 때 사용할 수 있으며 수저는 음식을 먹을 때 필요하다.

| 다용도 수저(핀터레스트) |

8) 랜턴과 이동용 랜턴(+보조배터리)

자연에서의 낭만적인 밤을 위해, 그리고 어둠 속 원활한 활동을 위해 필요한 장비다. 비상시를 대비해 여분의 보조배터리도 반드시 준비한다.

| 랜턴(핀터레스트) |

9) 기능성 의류

캠핑 중에 착용하는 의류도 중요하다. 방풍·방수 재킷은 갑작스럽게 눈과 비와 바람을 맞아 당황스러운 상황에서 신체를 보호해주며, 우(牛)모 재킷은 체온이 떨어지지 않도록 도와준다. 기능성 의류는 캠핑 시 4계절 내내 휴대하고 다니는 게 좋다. 우(牛)모 재킷 대용으로 담요도 무방하다.

| 우비(헬스포츠) |

10) 구급약품

만약의 비상사태에 대비해 상비약 및 소독약 등을 반드시 겸비해 안전한 캠핑에 만전을 기한다.

캠핑을 하는 데 반드시 필요한 것은 아니지만 자신만의 캠핑 스타일에 따라 구비하면 더욱 안락하고 편안한 컨디션을 제공하는 캠핑 서브장비도 있다. 집에서 쓰던 물건을 활용하는 방법도 있지만 캠핑 중 활용도가 높을 경우 캠핑에 최적화된 장비를 구매하는 것도 나쁘지 않다.

2 기본 장비

1) 텐트

(1) 돔 텐트

일반적으로 볼 수 있는 반구 모양의 텐트. 설치가 간편하며 간절기 및 하계에 주로 사용된다. 겨울에는 추위로 인해 사용이 어려운 편이다.

돔 형태의 지붕과 2개 이상의 귀퉁이가 있는 구조를 가지고 있고 일반적으로 2인 이상이 사용하기 적합하다.

| 돔 텐트(헬스포츠) |

(2) 팝업 텐트

원터치 텐트라고도 불리는, 던지면 펴지는 형태의 텐트. 돔 텐트와 마찬가지의 장단점을 가지고 있으나, 공간(크기)과 난방은 더 불리하고 설치는 훨씬 쉽다. 다만 최근에는 거실형 텐트 뺨치는 크기의 팝업 텐트들도 등장하고 있으나, 던지면 펴지는 형태의 구성상 접었을 때의 수납에 한계가 있는게 단점이다.

 팝업텐트는 평면 상태에서 쉽게 펼쳐지고, 텐트를 지면에 놓은 후 텐트의 하단을 뽑아내면 팝업텐트가 펼쳐진다. 보통 1분 이내에 완료되고 2~4인용으로 제공된다. 설치가 쉽고 분해도 간단하다. 설치와 분해가 간단하나 다른 유형의 텐트와 비교하면 내구성이 떨어지는 경향이 있다. 캠핑 초보자들이나 야외 활동을 자주하지 않는 사람들에게 적합하다.

| 팝업텐트(핀터레스트) |

(3) 티피 텐트

 아메리카 원주민 천막의 모양, 삼각형을 띈 텐트. 보온 및 내풍이 뛰어나 겨울에도 무리 없이 사용된다. 티피텐트는 안전성과 내구성이 강조되는 텐트이다. 설치가 어렵고, 바람이 많이 불 경우 안전성이 낮을 수 있다. 티피텐트는 전문적인 캠핑이나 캠핑철학이 있는 캠핑객들에게 적합하다.

| 티피 텐트(헬스포츠) |

(4) 쉘터

일반적으로 바닥이 없으며, 비/바람 및 해를 피하는 목적으로 거실용 혹은 베이스캠프 목적으로 사용되는 대형 텐트이다. 쉘터는 비교적 저렴하고 가볍다. 캠핑이나 등산을 자주 가는 사람들에게 적합하다. 긴급상황에서도 빠르게 설치할 수 있어 생존자에게는 유용한 장비다.

| 쉘터(핀터레스트) |

(5) 거실형 텐트

2룸형 텐트를 말하며, 기본적으로 쉘터의 형태에서 추가로 이너텐트를 설치해 2룸으로 구성하는 방식. 이너텐트 구역은 취침용, 나머지 구역을 거실용으로 사용한다. 전실 공간이 실내이므로 간절기 및 동계에 유용한 편이며, 여름에도 사용은 가능하나 설치가 돔 텐트 등에 비해 오래 걸리는 편이라 여름에는 별도의 돔 텐트를 운용하는 경우가 많다.

| 2룸형 텐트(헬스포츠) |

(6) 루프탑 텐트

자동차 혹은 트레일러 위에 얹어두는 텐트. 평소에 접힌 상태로 보관되어 있다가, 커버를 열고 접힌 걸 펴면 한 번에 설치 가능하다. 텐트 출입은 사다리를 이용한다. 난방능력이 뛰어나고 설치가 쉽지만, 자동차에 항상 달아둬야 하는 점과 한번 설치하면 차를 사용할 수 없는 것이 단점이다.

| 루프탑 텐트(핀터레스트) |

(7) 캐빈텐트

직사각형에 가까운 대형 텐트. 크기가 커서 거실용 혹은 단체의 베이스캠프로 활용하지만, 설치가 어렵고 바람에 약하다. 베이스캠프 목적으로는 거실형 텐트 혹은 쉘터에 밀려서 자주 보기 힘들지만, 상시 쳐두고 손님을 받는 형태로 국공립캠핑장 등에서 자주 볼 수 있다.

| 캐빈텐트(핀터레스트) |

(8) 비박

텐트 없이 자거나 휴식을 하는 경우도 있으며, 흔히들 비박이라고 한다.

| 비박(핀터레스트) |

2) 의자

(1) 플라이 체어

 휴대성이 좋으나 머리를 받쳐주지 못해 목에 힘이 들어간다. 경량에 초점을 맞춘 캠핑의자로 수납공간은 매우 작은편이다. 릴렉스와 같이 엉덩이를 편안하게 받쳐주기 때문에 편안함도 매우 좋다. 단점은 경량이기 때문에 바람에 날아가거나 의자를 설치하기 위해 조립해야하는 부분이다.

| 플라이 체어(핀터레스트) |

(2) 로우 체어

등을 뒤로 기댈 수 있어서 편하지만 트렁크의 공간을 너무 많이 차지한다. 팔걸이가 있는 접이식 캠핑의자로 알루미늄으로 되어 있어 가볍고 테이블에서 식사를 하기에 좋은 캠핑의자로 가방에서 그냥 꺼내기만 하면 바로 사용이 가능해서 설치가 필요 없다는 장점이 있고, 반으로 접히는 사이즈라 머리쪽 지지대는 없고 부피가 큰 단점이 있다.

| 로우체어(핀터레스트) |

(3) 릴렉스 체어

접었을 때 길긴 하지만 부피는 크게 차지하지 않으며 전체적으로 기댈 수 있어서 캠핑족들이 가장 선호한다.

| 릴렉스 체어(핀터레스트) |

3) 취사 용품

(1) 코펠

캠핑할 때 휴대하기 쉽도록 되어 있는 조립식 취사도구 이다.

(2) 버너

라이터와 마찬가지로 건조한 계절에 반입이 제한되는 곳도 있다.

(3) 이소 가스

일반적인 부탄가스에 비해 비교적 낮은 온도에서도 사용이 가능한 가스로 캠핑이나 야외 활동 시에 활용이 적합한 가스 종류이다.

(4) 화로대

숯불을 담아 놓는 그릇. 주로 불씨를 보존하거나 난방을 위하여 쓴다.

(5) 쿨러(아이스박스)

얼음을 넣어 그 냉기로 음식물을 차게 보관하는 상자이다.

| 취사용품(핀터레스트) |

4) 그릴

캠핑장에서의 맛있는 바비큐 파티를 기대한다면 그릴은 숯이나 가스 등의 연료로 불을 피워 석쇠나 불판에서 고기를 구울 수 있도록 돕는다.

| 그릴(핀터레스트) |

5) 키친

테이블 재료를 다듬고 손질하는 조리대와 캠핑 스토브를 설치해 조리를 돕는 장비다. 조리도 구나 양념 등도 보관할 수 있으며 음식물과 식기를 보관할 수 있는 수납공간과 설거지통 등의 보조 장비까지 곁들이면 집에 있는 주방 부럽지 않은 캠핑용 키친이 완성된다.

| 키친(핀터레스트) |

6) 해먹

나무 혹은 지지대를 이용해 걸터앉거나 누울 수 있게 해주는 그물 침대를 말한다. 설치가 간편하면서도 활용도가 뛰어나 캠퍼들에게 인기가 좋다.

| 해먹(핀터레스트) |

3 고급 장비

1) 타프

(1) 타프

텐트가 취침용이라면, 타프는 거실용 공간을 구성한다. 그냥 야외에서 식사를 하면 되지 싶겠지만 나무 그늘 아래의 경우 수액과 벌레를 차단하기 위해, 땡볕 아래일 경우에는 열기를 차단하기 위해서라도 사용한다. 우천 시에 비를 막기 위함은 물론이다. 거실형 텐트일 경우 따로 타프를 사용하지 않는 경우도 있지만, 한여름에는 거실형 텐트를 설치하는 중노동도 문제지만 사방이 개방된 타프에 비해 사방이 막힌 텐트는 찜통인지라 타프를 따로 설치하는 경우가 많다.

(2) 렉타타프

폴대 여섯 개를 이용해서 설치하는 사각형 모양의 타프. 헥사타프와는 정반대의 특징을 가지고 있다. 설치가 번거롭고 바람에 약하며, 폴대가 많이 필요한 단점이 있으나, 가려주는 면적이 넓고, 타프스크린 등의 악세사리를 이용해 쉘터로 활용할 수 있는 장점이 있다. 설명만 보기에는 안좋아보이나 타프의 원래 용도를 떠올려보면 쉽게 알 수 있듯이 한국에서는 렉타타프의 인기가 더 많은 편이다. 미니 타프의 경우는 꼭지점의 4개 폴대를 생략하고 헥사처럼 2개만 다는 구조도 많다. 이 경우에도 폴대 구멍을 지원한다.

| 렉타타프(핀터레스트) |

(3) 타프스크린/타프쉘

타프스크린은 주로 렉타타프 아래에 추가로 설치되어 사면을 차단하는 장비를 말한다. 바람을 막거나 메쉬창으로 환기는 시키되 벌레만 차단하는 식으로 활용한다. 여름이라면 타프스크린 내부에 야전침대 등을 설치해서 거대한 쉘터로 활용하는 경우도 많다. 헥사타프용도 있으나 가뜩이나 부족한 헥사타프의 공간에 스크린을 설치하면 더 좁아지기 때문에 헥사타프에는 자주 사용하지 않는 편이다. 타프쉘은 아예 렉타타프와 타프스크린이 결합된 형태이다.

| 타프스크린(핀터레스트) |

(4) 사이드월

렉타타프의 측면에 결합해 그늘이 필요하거나 바람을 막거나 시야를 차단하기 위해 측면에 추가로 설치하는 그늘막이다. 헥사타프는 타프의 모양상 설치 불가능하다. 여름철 벌이나 모기를 막아주는 메쉬창으로 된 제품을 선택하는 것이 좋다.

| 사이드월(핀터레스트) |

(5) 프론트월(어넥스)

사이드월의 헥사타프 버전이며, 헥사타프의 전면에 결합해 바람을 막거나 시야를 차단하는 악세사리. 렉타타프에도 사용 가능하다. 렉타, 헥사타프의 단점을 보완해 주는 보조 타프입니다. 해의 위치가 바뀌어 햇빛이 안으로 들어오거나 비, 바람이 타프 안으로 들어오는 것을 막아줍니다. 또한, 타프 사용 시 사방이 노출되어 있어 사생활을 보호하고 싶을 때 사용하면 좋다. 사이드월이나 프론트월을 통칭해 윈드브레이커라고도 부른다.

| 프론트월(핀터레스트) |

2) 테이블

(1) 롤 테이블

돌돌 말려져 있는 상판을 펼쳐 사용할 수 있는 테이블이며 설치가 간편하며 큰 사이즈의 제품이 많다. 캠핑족들 사이에서 가장 인기가 많은 롤 테이블이다.

| 롤 테이블(핀터레스트) |

(2) 접이식 테이블

가정 밥상이랑 가장 비슷한 구조이며 설치는 매우 간편하며 사이즈는 작은 것부터 큰 것까지 다양하다. 평평한 바닥에서 사용하는데 테이블 자체가 튼튼해 전혀 불편함이 없다. 하지만 수납 시 부피가 크다는 단점이 있다.

| 접이식 테이블(핀터레스트) |

(3) 아이언 메쉬 테이블

접이식 테이블 구조와 같으며 가볍다. 또한, 뜨거운 식기를 바로 올려서 사용이 가능하다.

| 아이언 메쉬 테이블(핀터레스트) |

(4) 화로대 테이블

난로나 화로대 사용 시 안전과 실용성 두가지를 함께 누릴 수 있는 테이블로 캠핑 화로대 테이블은 빠질 수 없는 품목 중 하나이다. 빠른 설치와 안정적인 고정력 거기에 외부의 열기에도 변형 없는 화로대 테이블이다.

| 화로대 테이블(핀터레스트) |

(5) 키친 테이블

접이식으로 되어 있는 조립구조이며, 테이블에서 직접 요리할 수 있게 휴대용 가스버너를 넣어서 사용할 수 있는 테이블이다. 가장 위험한 불을 사용하는데 조금이라도 안전하게 사용할 수 있다는 점이 있다. 가장 큰 장점은 캠핑을 하다보면 이것저것 많이 꺼내놓게 되는데 그런 어수선한 물건은 정리해서 보관해두기 아주 적합하다.

| 키친 테이블(핀터레스트) |

3) 취침용품

(1) 시트/매트

침대용의 두툼한 요. 보통 직사각형의 납작한 모양으로, 그 속에 스프링이나 스펀지 따위를 넣어 푹신하게 만들어준다.

(2) 야외용 돗자리

바닥에 까는 천으로써 매트와 비슷한 내구성을 가지고 있으며 바닥에서 젖지 않게 깔 수 있는 돗자리이다.

| 돗자리(핀터레스트) |

(3) 그라운드 시트

습기를 막기 위하여 천막이나 막사 안의 땅바닥에 까는 천이다.

| 그라운드 시트(핀터레스트)

(4) 발포매트

거품 모양을 한 일정한 두께의 판. 단열 효과가 있어 농작물 시설 재배에서 보온용으로 이용한다. 가볍고 가격이 저렴하고 파손으로부터 비교적 안전하다는 장점이 있지만 부피가 크다는 단점을 가지고 있다.

| 발포매트(코베아) |

(5) 자충매트/에어매트

이름에서 알 수 있듯이 이 매트는 자동충전식 에어매트이다. 별도의 설치 과정이나 공기 주입을 해주지 않아도, 그냥 펼쳐놓고 있으면 자동으로 공기가 주입되어 두꺼운 매트가 만들어진다. 특히 겨울 야외취침 시 바닥의 냉기를 완전히 차단하기 위해 사용되는 매트이다. 단열성이 높고 부피가 작다는 장점을 가지고 있지만 발포매트에 비해 가격이 비싸며 구멍이 날 경우에는 사용이 불가능 하다는 단점을 가지고 있다.

| 그자충/에어매트(핀터레스트) |

(6) 그물침대

양 끝을 기둥에 묶어 매단 그물 형식의 침대이며 해먹이라고도 부른다. 특히 열대 지방 휴양지의 로망으로 꼽히지만 안락함은 침대 발끝에도 못 미친다. 이는 익숙함의 문제로, 평생 바닥의 이불이나 침대에서 자왔던 한국인이 밑으로 늘어지는 그물침대에 누워 공중에 뜬 채로 처음 자 보면 어색한 것은 당연하다. 이런 점을 방지하기 위한 천 형태 해먹이나 매듭 없는 그물 해먹이 존재한다.

| 그물 침대(핀터레스트) |

(7) 야전침대

야외나 실내에서 간편하게 잠자리를 만들 수 있다. 대부분 접이식으로 휴대가 간편하며 알루미늄으로 제작된 제품이 더 가벼우며 프레임이 지탱할 수 있는 허용 무게와 신장을 고려하여 사용해야 한다.

| 야전침대(핀터레스트) |

(8) 담요

순수한 털이나 털에 솜을 섞은 것을 굵게 짜든가 두껍게 눌러서 만든 천이며 추울 때 가볍게 덮어 추위를 방지할 수 있다.

| 담요(핀터레스트) |

4) 매듭

매듭은 크게 나누어서 연결매듭과 고리매듭으로 구분된다. 연결매듭은 로프와 로프를 연결할 때를 말하며 고리매듭은 고리(구멍)를 내어 주는 매듭을 말한다. 매듭의 종류가 많아 여러 가지의 매듭을 전부 알려고 하면 오히려 혼동 될 수 있으니 꼭 필요한 몇 가지의 매듭만을 익숙하게 사용한다. 매듭을 눈을 감고도 할 수 있을 정도로 숙달되어야 한다.

응급상황 시에 긴장하고 당황하기 때문에 혼동 될 수 있기 때문이다. 매듭은 매듭을 하고 나서 어떠한 경우에도 풀리지 않아야 하며 정확하게 해야 한다. 만약에 추락 시 매듭이 풀려 큰 사고로 이어진다면 어처구니없는 일이 될 것이다.

(1) 8자 연결매듭

이 매듭은 로프와 로프를 연결할 때 주로 사용된다. (사용 후 잘 풀린다) 사용 시 매듭이 풀리지 않으며 힘을 받아 조여진 후에도 쉽게 풀 수 있다. 안전하고 확실하여 등반 시 권장하고 싶은 매듭이다.

① 먼저 한 줄로 헐렁하게 8자를 만든다.

② 다른 한 줄로 아래 사진에서 만든 8자 매듭의 끝부분부터 역순으로 따라 들어가 양쪽으로 당기면서 조이면 완성된다.

③ 매듭을 완성한 후 로프 끝 부분이 약 10cm(로프 일 경우, 슬링은 5Cm정도) 남는 것이 좋다.

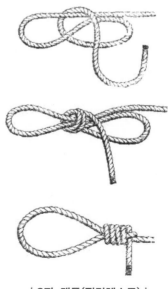

| 8자 매듭(핀터레스트) |

(2) 이중 피셔맨즈 매듭(Couble Fisherman's knot)

이 매듭은 로프와 로프를 연결할 때와 코드 슬링을 연결할 때 주로 사용하는 연결 매듭이다. 이 매듭의 장점은 매듭 하기가 쉬우며 힘을 가하면 가할수록 조여지고, 힘을 가해 사용 후 쉽게 풀리지 않는 것이 단점이다. 굵기가 작은 코드 슬링을 매듭할 때, 매우 적합한 매듭이다.

① 두 개의 로프를 역으로 나란히 하여 한 줄로 다른 줄을 두 번 감아 돌려 넣어서 당기며 조여 준다.

② 나머지 한 줄도 반대로 돌려 똑같은 방법으로 두 번 감아 돌려 감은 뒤 당긴다.

③ 마지막으로 양쪽으로 당겨주면 완성된다.

| 이중 피셔맨즈 매듭(핀터레스트) |

(3) 8자 고리매듭

로프의 중간에 고리매듭을 할 때 사용된다. (사용 후 잘 풀린다) 이 매듭은 고리를 만들어 사용하는 매듭으로 주로 등반 중 로프의 중간에서 매듭할 때 사용한다.

| 8자 고리 매듭(핀터레스트) |

(4) 8자 되감기 매듭(Figure-eight knot)

안전벨트에 직접 묶을 때 사용된다. (안전하며 사용 후 잘 풀린다) 이 매듭은 선등자나 후등자가 안전벨트에 직접 묶을 때 주로 사용되며 지형지물이나 확보물에 로프를 고정시킬 때에도 사용된다. 위 매듭은 매듭을 하여 카라비너로 안전벨트에 걸어 사용시에 걸리적거림을 방지하기 위한 매듭이며 안전벨트에 직접 묶어 간결하고도 튼튼하게 하기 위함이다. 8자 되감기 매듭은 안전벨트에 직접 묶어서 사용하면 간편하고 완벽하여 이 매듭을 많이 사용한다.

| 8자 되감기 매듭(핀터레스트) |

(5) 옭매듭(Over hand knot)

이 매듭은 고리매듭으로 로프 중간에서 매듭시에 사용되거나 잡 끈을 간단하게 사용할 때 도 사용된다. 위 매듭은 매듭 중 가장 간단한 매듭이며 빨리할 수 있는 매듭이다. 등반 시 힘을 받아 조여지면 잘 안 풀리는 단점이 있다. 그러나 시간이 급하거나 다른 매듭이 잘 안 되었을 때 사용하면 적합하다. 반면 배낭과 장비를 걸어 둔다든지 할 때에는 간단한 매듭으로 활용할 수 있다. 두 줄을 겹쳐잡아 한번 감아 돌려 넣어서 빼내면 완성된다.

| 옭매듭(핀터레스트) |

(6) 까베스똥 매듭

이 매듭은 고리를 내어 주는 매듭으로서 확보물에
로프를 고정시킬 때와 자기 확보시에도 사용한다.
선등자나 후등자 확보시에도 반 까베스똥 매듭을 이
용하여 많이 사용하는 매듭이다. 이 매듭의 장점은
사용 후 잘 풀어지며 확보시에는 많은 힘을 들이지
않아도 제동이 잘 되는 장점이 있다. 중요한 것은 지
형 지물이나 확보물에 고정시킬 때에는 매듭 후 반
드시 끝 부분을 한 번 줄을 감아 돌려서 옭매듭을 해
주어야 사용 시 풀리지 않는다.

| 까베스똥 매듭(핀터레스트) |

(7) 보울라인 매듭(Bowline knot)

안전벨트에 직접 묶거나 허리에 직접 묶을 때 사용되기도 한다. 매듭 후 로프의 끝 부분을
꼭 옭매듭을 해야 한다. 이 매듭은 고리를 내어 주는 매듭이다. 등반자가 안전벨트에 고정하고
자 할 때에는 끝 부분을 반드시 다시 한 번 감아서 옭매듭을 해주어야 한다. 매듭 중 가장 잘
풀어지는 단점이 있으며 장점은 매듭 후 조여들지 않으므로 벨트 없이 자기 몸에 직접 묶을 때
사용하면 적합하다. 따라서 워킹을 할 때 비상시 갑자기 자기 몸에 묶을 때 적합하며 정상적인
등반에서는 사용치 않는 것이 바람직하다.

| 보울라인 매듭(핀터레스트) |

63

(8) 링 밴드 매듭(Ring bend knot)

이 매듭은 테이프 웨빙이나 굵기가 적은 코드 슬링을 연결할 때 사용하는 연결 매듭이다. 힘을 가하면 가할수록 조여지는 장점이 있으며 주로 테이프 슬링을 묶을 때 사용된다.

① 먼저 끝줄을 헐렁하게 옭매듭을 한다.

② 다른 끝줄을 따라 역순으로 따라 들어가 양쪽으로 당기면 완성된다.

③ 매듭을 완성한 후 끝부분을 약 5cm 이상 여유를 주어야 안전하다.

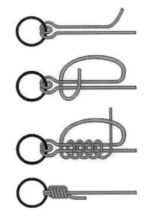

| 링 밴드 매듭(핀터레스트) |

(9) 프루직 매듭(Prusik knot)

이 매듭은 로프를 타고 오르내릴 때 주마 대신 사용하거나 또는 자기 확보 줄로도 많이 사용한다. 중요한 것은 주 로프의 굵기가 10mm일 때에는 프루직슬링의 굵기는 5～7mm가 적합하며 코드 슬링을 사용할 때 매듭이 가능해진다.

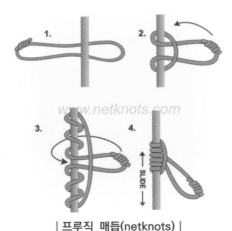

| 프루직 매듭(netknots) |

(10) 테이프 매듭 (Tape knot), 링밴드(ring bend), 워터 노트(water knot)

주로 웨빙 슬링을 묶을 때 쓰고 꼭 알고 있어야 하는 매듭이다. 힘을 가하면 가 할수록 조여드는 장점이 있으며 주로 슬링을 묶을 때 사용된다. 조심해야 할 것은 시간이 흐를수록 쉽게 풀어지기 때문에 매듭을 할 때 아주 단단히 조여주어야 하고, 매듭의 양쪽 끝은 항상 4~5cm 정도 여유를 남겨놓아야 한다. 이 매듭은 등반 중 느슨해지지 않았는지 자주 확인해볼 필요가 있다.

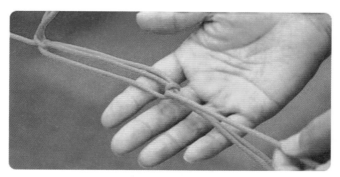

| 테이프 매듭(핀터레스트) |

(11) 에반스 매듭 (Evans knot)

자일 끝을 이용해서 고리를 만드는 매듭으로 자일을 당기면 고리가 조여 들고, 풀 때는 고리에서 카라비너를 빼낸 다음 긴 쪽 자일만 당기면 매듭이 저절로 풀리는 특징이 있다. 나무 밑둥 등에 자일을 돌려 묶을 때나 안전벨트에 줄을 연결할 때 사용한다. 풀기가 쉽고 크기를 자유롭게 조절할 수 있다. 충격이 가해지면 매듭의 고리가 죄어들기 때문에 몸에 직접 매어서는 안 된다.

| 에반스 매듭(핀터레스트) |

캠핑레저문화

캠핑레저를 안전하게 즐기기 위한 가이드

제 **4** 장

캠핑 입문

제 4 장　캠핑 입문

1　캠핑 유형 및 텐트 설치

1) 캠핑의 유형

(1) 하룻밤 캠핑(Overnight Camping)

보통 토, 일 주말을 이용해서 많이 다녀오고, 토요일 오전에 출발해서 하룻밤을 자고 다음날 오후에 집에 오는 방식이다. 겨울을 제외하고 봄, 여름, 가을에 실시 할 수 있다는 장점을 갖고 있다.

(2) 단기 캠핑(Short team Camping)

주최 측 소유지인 상설캠핑장이나 기숙사에서 실시되는 캠핑이다. 주최 측에서 기획한 야간 캠핑 프로그램으로 주최 측에서 인력을 제공하고 프로그램 및 숙식 서비스를 제공하는 1박, 2박 또는 3박, 1주일 내외의 길이를 가진 캠핑이다.

(3) 장기 캠핑(Long team Camping)

보통 장기캠핑을 한 달 살기라고도 말한다. 1개월 내외로 장기적인 캠핑을 하며 도심에서 벗어나 자연에서 어우러져 자연을 그대로 느끼고 함께하는 생활을 즐기는 캠핑이다. 국내 캠핑장에는 장기 캠퍼들을 위해 레저 및 레크리에이션 프로그램이 제공되기도 하고 캠핑장 인근에는 각종 스포츠레저를 할 수 있는 환경도 있다.

(4) 오지 캠핑(Wildemess Camping)

자연보호를 위해서 개발되지 않은 자연 그대로의 환경에서 캠핑을 하는 유형이다.

(5) 이동 캠핑(Travelling Camping)

이동 캠핑은 고정적인 장소에 머무는 것이 아니라 하루 또는 이틀씩 장소를 이동하면서 실시하는 캠핑이다. 주로 산이나 문화유적의 탐방, 각 명소를 경험하고 체험을 하며, 각종 장비와 편의물품 음식 등을 소지하고 이동해야 하므로 많은 운동량과 체력소모가 크므로 초반에는 경험이 많은 사람과 함께 다니면서 경험을 쌓는 것이 좋다.

(6) 오토 캠핑(auto camping)

오토모빌(automobile)과 캠핑(camping)이 합성된 합성어다. 차에서 먹고, 자고, 모든 것을 해결할 수 있게 차량안에 부대시설이 갖춰져 있게 제작된 캠핑전용 차량이다. 자체 동력이 가능한 캠핑카(캠핑을 위해 개조된 차량), 또는 다른 차에 의해서 이동이 되는 카라반이 있다.

2) 캠핑 목적에 따른 구성

(1) 풀 세팅(Full-setting)

| 풀 세팅 |

(출처 : 일곱발가락, 캠핑의 목적에 따른 사이트 구성의 종류와 유형)

자동차를 이용하기 때문에 캠핑장비 적재에 어려움이 없어 어떻게 보면 정말 편안하게 즐길 수 있는 캠핑이다. 4인 가족을 기준으로 할 때 캠핑장에서 크게 불편함 없이 휴식을 즐기기에 좋은 세팅법이다. 캠핑장의 면적이 넓고 구획이 정해지지 않은 캠핑장에서 사용하면 좋은 세팅법이다.

풀 세팅은 공간을 두 곳으로 나누어 독립적이면서도 편리하게 사용을 할 수 있어서 좋다. 5.5×4.4m 크기의 대형 사각 타프를 펼치고, 그 아래 테이블과 의자를 세팅해 거실과 주방의 역할을 하는 생활공간으로 활용하고, 침실의 역할을 하는 돔 텐트를 생활공간에서 살짝 떨어뜨려놓아 편안함과 여유로움을 강조한 세팅법이다.

✖ 장점

공간이 넓은 만큼 필요한 캠핑장비를 모두 세팅해서 캠핑을 편안하게 즐길 수 있다는 점이다. 캠핑에 필요한 장비들을 모두 준비하기 때문에 캠핑을 더욱 편안하게 즐길 수 있다.

✦ 단점

성수기철엔 자리를 많이 차지하면서 야영을 하면 다른 이들이 눈치를 주거나 보기 때문에 다른 캠퍼들의 캠핑을 방해하지 않는 범위에서 풀 세팅을 해야 한다.

캠핑 풀 세팅을 구매하려면 많은 비용이 들어갈 수 있으니 캠핑을 자주 즐기지 않는 사람들에게는 추천하지 않는다. 무게와 용량이 크기 때문에 차량에 따라 운반하기에 어려움이 있을 수 있다.

(2) 세미 세팅(Semi-setting)

| 세미 세팅 |

(출처 : 일곱발가락, 캠핑의 목적에 따른 사이트 구성의 종류와 유형)

세미 세팅법은 거실형 텐트(리빙쉘 Livingshel)를 이용해, 타프를 구성하지 않고도 생활공간과 침실공간을 구성하는 세팅법이다. 봄, 가을, 겨울 캠핑지에서 휴식을 취하기에 좋은 세팅법으로 타프가 없는 것이 특징이다.

✖ 장점

- 거실형 텐트만을 사용해 텐트 내 공간이 높고 넓어서 웬만한 캠핑도구가 텐트 안으로 다 들어간다.
- 천장까지의 높이가 높아서 입식 생활이 가능하다.
- 침실공간과 생활공간이 한 텐트 안에 있지만 분리가 되어 있어 물품정리에 편하다.
- 하나의 골격 안에 외피가 씌워지는 구조이기 때문에 따뜻하다.
- 기온이 높은 여름을 제외한 타프는 기온이 조금만 올라가도 꼭 필요한 제품이지만, 이 세팅 은 기온이 높지 않은 계절에 주로 사용하기 때문에 타프가 필요치 않는 구성이다.
- 필요한 일부 장비만 구매하면 되기 때문에 풀 세팅에 비해 비용절감이 되고, 적은 무게와 용량으로 운반하기 편리하다.

✦ 단점

- 거실형 텐트는 골격 외 하나의 덮개가 더 씌워지기 때문에 따뜻하게 야영은 즐길 순 있으 나, 여름엔 이러한 것이 온실효과를 만들어내 텐트내의 온도가 많이 올라가게 된다.
- 필요한 장비를 구분하는 것이 어려울 수 있어 초보자들은 어떤 장비가 필요한지 판단하기 어렵기 때문에 전문가의 도움을 받아야 한다.

(3) 간편 세팅(Simple-setting)

| 간편 세팅(슈퍼보이 라이프스타일) |

    간편 세팅은 리빙쉘 텐트, 키친 테이블 등의 크고 복잡한 캠핑 편의장비를 빼서 짐을 최대한 줄이고, 가장 기본적인 것만을 준비하는 세팅법을 말한다. 캠핑과 여가 두 가지를 함께 즐기는 캠퍼들이 늘어나고 솔로나 듀오로 다니는 캠퍼들도 많아지면서 빠른 속도로 늘어나고 있는 형태의 세팅법이다.

    간편 세팅의 핵심은 리빙쉘과 같은 대형 텐트와 크고 복잡한 캠핑 편의장비를 배제하고, 타프와 타프스크린을 적절히 사용해 텐트대용으로 쓰면서, 작은 돔 텐트나 야전침대를 설치하고 간단한 편의장비만을 갖춰 생활공간을 최대한 넓게 활용하는 것이다.

✖ 장점
• 야외에서 레저를 즐기려는 솔로 캠퍼나 듀오 캠퍼가 하기에 적당한 세팅이다.
• 꼭 필요한 장비로만 캠핑을 즐길 수 있어 짐이 적다.
• 설치에 필요한 시간이 크게 절약된다.
• 작은 크기와 가벼운 무게를 가진 캠핑용품으로 운반 및 보관이 간편하다.

✦ 단점
• 레저와 캠핑에 목적을 두고 있기 때문에 많은 짐을 가지고 갈 수 없기 때문에 4인 이상이 모이기 어렵다.

- 풀 세팅과 다르게 부족한 캠핑 용품들이 많다.
- 비바람, 강한 바람, 눈과 같은 악천후 날씨에 취약하다. 따라서 적절한 날씨 조건에서만 사용하는 것이 좋다.

(4) 비박 세팅(Biwak-setting)

| 비박 세팅(코리아 아웃도어 4계절 백패킹) |

비박 세팅법은 먹고 자는데 필요한 최소한의 캠핑장비만 갖추고 야생에서 캠핑을 즐기기 위한 세팅법을 말한다. 비박을 즐기는 캠퍼들에게는 자연과 함께하며 간단하게 먹고 잘 수 있는 세팅법이다. 다른 세팅법에 비해 많이 열악하다고 느낄 수 있지만 배낭 하나로 발길 닿는 곳을 다니면서 제약 없이 다닐 수 있다.

✖ 장점
- 언제, 어디든, 할 수 있는 캠핑법이다.
- 풀 세팅과 같이 모든 캠핑장비를 가지고 다니는 것이 아니라 꼭 생존에 필요한 장비들만 챙겨 간편하다.

✦ 단점
- 비전문가라면 두 명 이상 함께 해야 한다.
- 장비의 무게와 부피가 경량화 되어야 하기 때문에 장비 가격이 비싸다.
- 캠핑장비를 내 몸으로 이동해야 하기 때문에 몸 컨디션을 최우선으로 생각해야 한다.
- 날씨에 영향을 많이 받는다.

3) 텐트 설치

> **참고** **야영금지구역!**
>
> 1) 생태·경관보전지역 중 환경부장관이 지정하는 장소 외의 장소(핵심구역 및 완충구역에 한정함)[규제 「자연환경보전법」 제16조제2호]
> 2) 국립공원·도립공원·군립공원(郡立公園) 및 지질공원 등에서 지정된 장소가 아닌 장소(규제 「자연공원법」 제27조제1항제6호)
> 3) 멸종위기 야생생물의 보호 및 번식을 위해 지정된 야생생물 특별보호구역(규제 「야생생물 보호 및 관리에 관한 법률」 제28조제3항제2호)
> 4) 국립수목원 또는 공립수목원(규제 「수목원·정원의 조성 및 진흥에 관한 법률」 제17조의2제3호 및 규제 「수목원·정원의 조성 및 진흥에 관한 법률 시행령」 제8조의2제1항제4호)
> 5) 상수원보호구역(규제 「수도법」 제7조제3항제2호 및 규제 「수도법 시행령」 제12조제1항제3호)
>
> 출처 : 찾기 쉬운 생활법률정보(캠핑 → 야영 → 캠핑 위치 선정하기 → 텐트 칠 장소 선정하기)

✦ 텐트를 칠 때는 자연재난으로부터 안전한 장소, 자연재난으로 인해 대피명령이 내려진 경우에 신속하게 대피할 수 있는 장소를 선택하는 것이 좋다.

✦ TIP : 한국관광공사에서 각 레저를 즐기면서 캠핑 장소에 대한 정보를 제공하고 있으니 레저와 캠핑 두 가지를 한다면 미리 조사하고 가는 것을 추천한다.

(1) 텐트 설치 방법

캠핑 위치를 선정했으면 텐트를 설치해야 하는데 텐트를 처음 쳐보는 사람은 많이 낯설다. 제품마다 텐트 설치법이 설명서로 잘 나와 있지만 기본적인 텐트 설치법을 알아두면 편리하다. 기본적인 텐트 설치법은 아래와 같다.

① 바닥 정리하기 : 물기가 없고 바닥에 돌출된 부분이나 페인 부분은 평평하게 편다.
② 설명서 읽기 : 텐트마다 설치법이 다 다르기 때문에 설명서와 구성품을 확인한 후 설치를 한다.
③ 텐트와 삽, 그라운드시트, 해머, 등을 꺼내 놓은 후 그라운드시트(판초 위의, 방수깔개, 비닐)를 바닥에 깔고 그 위에 이너텐트를 설치한 뒤 텐트 입구를 바람이 불어오는 반대 방향으로 놓고 텐트를 사각으로 펼친다.
④ 텐트의 모서리 부분 먼저 팩으로 고정 시킨다.

| 팩(Shine Trip) |

⑤ 폴을 조립 후 이너 텐트의 양 끝을 대각선으로 폴 홀더를 걸어주고 플라이를 씌운 다음 당김줄을 45도 각도로 박은 팩에 고정시킨다.

　✤ TIP : 플라이의 로고를 잘 살펴보면 앞뒤를 쉽게 구별할 수 있고 당김줄은 잘 보이는 끈을 매달아 두어 걸려 넘어지지 않도록 표시한다.

⑥ 우천 시를 대비하여 배수로를 판다.

(2) 텐트 정리 방법

다른 캠핑용품들을 모두 정리하고 마지막에 여유있게 정리하는 것을 추천한다. 너무 서둘러서 텐트를 정리하게 되면 폴이 망가지거나 텐트가 손상될 수 있으니 주의해서 정리할 수 있도록 한다. 텐트 정리순서는 아래와 같다.

① 텐트의 출입구를 모두 닫는다. 단 너무 꽉 닫게 되면 텐트를 접을 때 공기가 들어갈 수 있으므로 공기가 빠져나올 정도의 문을 열어주고 철거 하는 것이 좋다.

　✤ TIP : 바람이 많이 부는 날엔 텐트의 문을 모두 개방하고 철거하는 것이 폴대와 텐트 스킨의 손상을 줄여준다.

② 폴과 팩을 분리한다. 폴과 팩을 텐트 스킨으로부터 분리해 잃어버리지 않도록 수납가방에 먼저 넣어둔다.

③ 텐트 스킨에 묻은 흙, 먼지를 가볍게 털어서 잘 접어서 사각형으로 접어준다.

④ 가방에 플라이와 이너텐트 폴과 팩을 차곡차곡 정리한다.

TIP **비오는 날 텐트 철거하기**

① 차를 가까이에 두고 해체하면서 바로 차에 싣는다.
② 거실형 텐트 등 이너텐트가 분리가 된다면 이너텐트라도 젖지 않게 해야 한다.
③ 타프가 있다면 텐트를 모두 정리한 뒤에 타프를 정리하는게 좋다.
④ 텐트나 타프가 바닥에 최대한 끌리지 않게 정리한다.
⑤ 젖은 텐트와 타프는 물기가 흐르기 때문에 아이스박스나 큰 봉지에 담아서 정리하고 집에 돌아간 뒤에 말려준다.

4) 텐트 보관 방법

즐거운 캠핑을 마무리 하고 돌아오면 필히 해야 하는 일이 있다. 바로 텐트를 정리해 놓는 것이다. 텐트보관 방법은 아래와 같다.

① 가능한 한 물 세탁을 하지 말아야 한다. 방수효과가 반으로 떨어지므로 젖은 물수건으로 더러워진 부분만 닦아주면 된다.
② 젖은 텐트는 건조시켜 보관하며 젖은 상태로 보관하면 색상이 변색되고 곰팡이 등이 생길 수 있다.
③ 텐트는 장시간 햇빛에 노출하지 말아야 하며, 텐트 원단은 자외선에 약해 쉽게 손상이 될 수 있으므로 플라이를 씌워 보호하거나 그늘에 설치해야 한다.
④ 대형텐트는 구조상 바람의 저항이 많아 설치 시에 주의하고 지형과 입구 부분이 바람 반대 방향으로 향하게 하여 설치해야 한다. 당김줄을 팽팽하게 당겨 견고하고 튼튼하게 설치하여 바람의 저항을 충분히 막고 폴대의 휨도 방지해 주는 것이 좋다.
⑤ 두랄루민 폴은 제품의 특성상 사용 후 완전히 복원되지 않는다(약간 휘어도 불량품이 아니다).
⑥ 아침에 이슬에 젖은 텐트는 플라이를 걷어 나뭇가지에 걸어 말리고 몸체는 뒤집어 바닥을 말린다.
⑦ 산행을 마친 후 텐트는 완전히 말려서 부풀은 상태에서 보관하고 더러운 부분은 솔이나 물로 털어내고 세제나 비누는 사용하지 않는 것이 텐트의 수명을 위해 좋다.

2 식량과 조리 방법

캠핑에서 빼놓을 수 없는 즐거움은 바로 가족과 함께하는 즐거운 식사시간이다. 캠핑요리가 따로 정해져 있지는 않지만 화기 사용이 자유로운 캠핑장에서 평소 집에서 냄새가 심해 요리하지 못했던 음식 등을 편하게 조리할 수 있으며 집에서 음식을 조리할 때와는 다른 즐거움이 있다. 캠핑에는 대표적으로 소형, 호스형, 렌지형, 트윈형 스토브가 있다. 이러한 유형은 캠핑의 용도와 상황에 맞게 선택하면 된다.

1) 스토브

일반적으로 버너라고 부르는 스토브는 캠핑에서 음식을 조리하고 물을 끓이는데 필요한 장비이다. 스토브는 모양에 따라서 소형, 호스형, 렌치형, 원치형으로 나눌 수 있으며, 사용하는 연료의 종류에 따라 구분 할 수 있다.

(1) 가스스토브

가스스토브는 사용하기 쉽게 고장이 잘 나지 않아 많은 사람들이 이용한다. 우리가 일상에서 많이 써왔던 가스버너를 생각하면 된다. 그리고 버너와 스토브는 한국에서 같은 단어로 쓰인다. 보통은 나사식 가스통을 주로 결합하여 사용하고 강한 바람에도 불이 꺼지지 않게 되어있다. 가스를 사용하는 방식이다 보니 기온에 민감하게 반응한다. 겨울철에는 액출 방식을 사용하거나 파워 차저라고 불리는 열전도판을 장착하는 것이 좋다.

(2) 직결식 스토브(소형스토브)

부피가 작고 수납성이 좋아 백패킹에 주로 사용한다. 가스통에 직접 연결하여 사용하는 방식으로 스토브 중 사이즈는 가장 작다. 백패킹의 특성은 야외에서의 사용이 많아 강한 바람과 추위에도 견딜 수 있어야 한다. 별도의 점화 도구 없이 사용할 수 있는 안전 자동점화 장치가 부착된 제품이 좋다.

직결식 스토브의 장점으로는 부피가 작아 수납성이 좋고 무게가 가벼우며, 구조가 간단해 저렴한 편이다. 반면 단점으로는 화구가 작은편이라 코펠 가운데로만 불이 집중되어 코펠이나 후라이팬의 바닥 전체가 고르게 가열되지 않는다. 코펠 받침대가 작다보니 큰 코펠은 얹어서 쓰기에 불안정하다. 이는 전체적으로 무게중심이 높은 편이라서 코펠을 살짝 건드리기만 해도 코펠이 엎어지면서 음식이 쏟아지거나 화상을 입을 수 있어 조심해야 한다.

(3) 호스형 스토브

| 호스형 스토브(미국 msr THERMAREST) |

부탄가스 카트리지를 호스로 연결해 사용하는 방식이다. 호스만큼의 부피와 무게는 증가하며 무게가 직결식 스토브보다 무겁고 수납성이 부족하지만 안정적으로 사용을 원한다면 호스형 스토브를 선택 하는게 좋다. 호스형 제품의 사용 연료는 가스와 화이트 가솔린이 있다. 화이트 가솔린은 추운 날씨에 더욱 안정적인 화력을 이용할 수 있게 해준다.

사용연료에 따라 화구나 노즐을 교체해야 하지만 어느 브랜드에서는 교체 과정없이 연료를 겸용 할 수 있는 제품도 있다. 장점으로는 연료통이 스토브와 분리되어 있어 면적이 넓은 코펠을 올려놓더라도 복사열에 의해서 연료통이 과열되는 일이 없으며, 직결식 스토브와 다르게 무게중심이 전체적으로 낮다. 그리고 직결식 스토브와 다르게 코펠 받침대가 큰 편이라 음식이 엎어지거나 화상의 위험요소가 줄어든다. 반면 단점으로는 호스 연결식 스토브는 직결식 스토브에 비해 구조상 복잡하며 무게와 부피가 직결식 스토브에 비해 크다. 그리고 가격대도 직결식 스토브에 비해 높은 편이다.

(4) 렌지형 스토브(일반 가스버너)

| 렌지형 스토브(코베아) |

일반적으로 우리가 가장 많이 쓰는 가스버너이다. 백패킹이 아닌 일반적인 오토캠핑 이라면 무게나 수납 부피의 부담이 적고, 최소 4인 이상 함께하는 자리라면 음식의 비중이 매우 높다. 이럴 때 사용하는 스토브는 렌지형 스토브이다. 보통 비 개방된 공간에서 사용하는 탓에 일반형 또는 길쭉이 가스를 주로 사용한다.

| 일반 가스버너(코베아) |

• 3way 올인원

전골냄비, 그릴 야외용 렌지 3가지 기능을 겸비한다. 장점으로는 사용에 따른 코펠을 챙기지 않아도 되며, 다양한 요리가 가능하다. 아울러 설계 자체가 맞게 설계되어 열 효율성이 좋다. 반면 단점으로는 무게와 수납 부피가 크므로 백패킹으로는 부적합하며 오토캠핑에 적합하다. 그릴이나 냄비는 소모품이므로 손상 또는 코팅이 벗겨졌을 때 소모품을 따로 구매해야 한다. 세트형식이라 다른 것과 호환되지 않는 단점들이 있다.

• 트윈형 가스버너

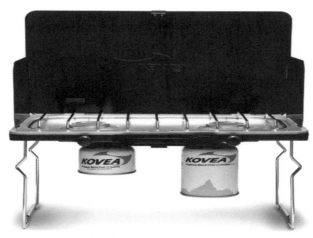

| 트윈형 가스버너(코베아) |

79

가정에서 가스레인지처럼 가스버너 2개가 있으며, 바람막이까지 있어서 한 번에 밥과 찌개를 동시에 두 개의 요리를 할 수 있다.

2) 코펠

코펠은 삶는 도구나 끓이는 도구를 일컫는 독일어인 Kocher에서 유래된 말이다. 사전적 의미는 야외에서 휴대하기 쉬운 조립식 취사도구라고 설명되어 있다. 코펠은 용량 및 크기와 재질에 따라 흔히 구분된다. 코펠을 사용하는 적절한 인원에 따라 제품을 구매해야 중복구매를 막을 수 있다.

(1) 연질코펠

| 연질코펠(코베아) |

연질코펠은 재질이 약한 알루미늄이다. 알루미늄 표면에 연질피막 코팅, 연마가공처리를 해서 내마모성과 내식성을 높인 제품이며, 가볍고 저렴하다. 또한 연질코펠은 고성능 압축기를 사용하여 내부공간을 효율적으로 냉각하며, 낮은 에너지 소비와 높은 효율성을 제공한다. 내부 구성품은 내열성이 뛰어나고, 내구성이 높아서 오랜 사용이 가능하다. 이러한 장점들로 인해, 연질코펠은 야외 활동과 이동식 냉장고 사용에 대한 높은 요구에 대응하기 위한 탁월한 선택지 중 하나이다.

(2) 경질코펠

| 경질코펠(코베아) |

경질코펠은 연질코펠의 재질을 높인 알루미늄을 사용한다. 연질코펠의 단점을 보완한 제품이다. 최고급 알루미늄 재질을 사용하여 30마이크론의 피막 두께로 양극산화 가공한 경질 피막코팅은 내식성과 마모성이 연질코펠에 비하여 뛰어난 특성이 있다. 연질코펠보다 몇 배 이상 강도와 내구성이 향상된다. 가볍고, 튼튼한 내구성으로 대중적으로 많이 사용되는 코펠이다.

(3) 세라믹 코펠

| 세라믹 코펠(코베아) |

세라믹 코펠의 재질은 알루미늄이고 코펠에 무기질 세라믹 코팅 피막을 적용해 세척이 편하고 조리 시에 음식물이 타거나 눌러붙지 않는다. 내식성과 마모성이 우수하고 오랜 기간 사용할 수 있으며 원적외선 방사효과로 열전도율이 높다. 세척을 할 땐 코팅이 벗겨지지 않도록 조심해야 한다.

(4) 스테인리스 코펠

| 스테인리스 코펠(코베아) |

스테인리스 코펠의 재질은 스테인리스 원재료로 제작되었으며, 강도가 강하고 표면에 산화방지막이 있어서 부식에 강하다. 사용 시 또는 세척 시에 코팅이 벗겨질 위험이 없고 가장 안전하고 위생적인 코펠이다. 알루미늄 코펠보다 무게가 무겁다.

(5) 티타늄 코펠

| 티타늄 코펠(코베아) |

가장 가벼운 소재인 티타늄을 이용하여 제작된 코펠이지만 코펠들 중에서도 가장 강도가 높고 열전도율도 좋아 컵에서도 사용된다. 다만, 가격이 고가이기 때문에 오토캠핑보다는 가벼운 무게의 장점을 살린 백패킹 등 최대한 무게를 줄여야 하는 활동 시에 많이 사용하는 코펠이다. 주로 솔로캠핑이나 2인 캠핑 시에 많이 사용한다.

세척 및 보관법

☑ 코펠 세척법
1. 코펠은 캠핑장에서 바로 세척한다.
2. 코펠을 물에 담가놓은 후 음식물을 불린 후 말끔하게 제거한다.
3. 철 수세미가 아닌 부드러운 수세미를 사용하여 코펠을 세척한다.
4. 마른 헝겊으로 물기를 닦아 없애거나 햇빛에 잘 말린다.
5. 코펠 밑바닥에 남은 불 그을림은 연마제가 포함된 클렌저를 이용하여 닦아 낸다.

☑ 코펠 보관법
1. 코펠을 겹쳐 수납 할 경우 코펠 사이에 종이나 헝겊을 껴서 서로 부딪쳐서 생기는 흠집을 방지해야 한다.
2. 물기를 완전히 제거 후 보관한다.

출처 : 권수호(2021), 김지선(2013), 안영숙, 이수진(2012)

 캠핑 음식 준비할 때 알아두기 !

식재료들의 밑 손질은 미리 집에서 손질해가기.
간단한 식재료를 준비 할 것
식재료는 아이스박스, 팩 등을 활용하여 차갑게 운반 하거나 보관해야 하고 채소는 고기나 생선의 육즙이 닿지 않도록 분리해서 포장 또는 보관해야 한다.
채소나 과일 같이 익힐 필요가 없는 음식들은 수돗물 또는 먹는 물로서 검사가 완료된 지하수 등 안정성이 확인된 물로 세척을 하는 것이 좋다. 확인되지 않은 계곡물 및 샘물은 이용하면 위험할 수 있다.
생고기를 자른 칼과 도마는 반드시 씻은 뒤에 사용해야 한다.
실온 또는 자동차 트렁크에서 오래 보관된 식품은 가급적 먹지 말고 버리는게 안전하다.
어패류는 기생충 감염 우려가 있으니 주의하고 먹는다면 반드시 잘 익혀 먹어야 한다.
야생에서 자라는 버섯이나 과일 등은 함부로 채취하거나 먹어서는 안 된다.
여름철에 가열하지 않은 조개, 생선 등을 먹으면 비브리오 패혈증, 아니사키스증 발생 등의 위험이 높아지니 충분히 익혀 먹도록 한다.
모든 양념장은 집에서 미리 만들어서 가져가면 편하다.

출처 : 권수호(2021), 김지선(2013), 안영숙, 이수진(2012)

3) 캠퍼들이 뽑은 캠핑 요리 베스트

　오토캠핑이나 풀 세팅, 세미 세팅, 간편 세팅처럼 차를 이용해 수납 부피의 걱정이 없는 경우 다양한 음식과 식재료를 챙길 수 있는 장점이 있다. 보관법으로는 아이스박스 또는 쿨러를 이용해 재료와 음식의 신선도를 유지할 수 있다.

(1) 수납 부피의 제한이 없는 캠퍼들이 선호하는 음식
　㉠ 바지락 술 찜

| 바지락술찜(만개의레시피 : 공복이무서워) |

소요시간	5분
재료	해감 된 바지락 800g ~ 1kg, 마늘, 버터, 소금, 청양고추, 홍고추, 대파
조리법	1. 마늘을 슬라이스로 썰어서 버터를 넣고 볶는다. 2. 마늘이 어느 정도 볶아지면 바지락을 넣고 소주나 청추를 넣고 잡내를 없애준다. 3. 바지락 자체에서 물이 나오기 때문에 물을 넣지 않아도 물이 나오지만 너무 짜다 싶으면 물을 넣어주고 소금으로 간을 맞춘다. 4. 청양고추와 홍고추 대파를 넣어 완성한다. 5. 기호에 따라 파스타면을 넣어 먹는다.

ⓛ 닭꼬치

| 닭꼬치(만개의레시피 : 양싸네) |

소요시간	5분
재료	꼬챙이, 닭다리 살, 대파, 마늘, 꼬치에 꽂을 야채
조리법	1. 닭다리 살에 있는 잔뼈를 제거하고 깨끗이 씻어준다. 2. 잡내가 나지 않도록 청주나 소주를 넣고 닭다리 살 전체에 묻도록 비벼서 재워둔다. 3. 닭다리 살을 씻고 물기를 닦아준 후 적당한 크기로 손질한다. 4. 채소를 적당한 크기로 손질한다. 5. 닭다리 살 → 야채 순으로 꽂아준다. 기호에 맞게 떡이나 소시지를 넣어도 무방하다. 6. 허브 솔트를 뿌려주어 간을 맞춘 후 올리브유를 발라준다. 7. 고기를 굽고 난 뒤 잔열로 서서히 앞뒤로 구워준다.
Tip	• 기호에 맞게 닭다리 살이 아닌 다른 바비큐를 하고 남은 고기를 섞어서 해도 무방하다. • 양념소스는 미리 만들어서 가져가는 것을 추천하고 기호에 맞게 먹는다. • 양념소스 만드는 방법 : 고추장 1 큰 술, 다진 마늘 1/2 큰 술, 물엿 4 큰 술, 간장 1/2 큰 술

ⓒ 어묵탕

| 어묵탕(만개의레시피 : 똥이네) |

소요시간	10분
재료	무, 파, 어묵, 간 마늘, 튀김 가락국수 1개, 간장, 청양고추, 표고버섯, 그 외 야채들
조리법	1. 야채와 어묵을 썰어 재료를 준비한다. 2. 냄비에 물과 무를 넣고 튀김 가락국수 수프가 없다면 국 간장 3큰 술을 넣는다. 3. 무가 말랑해지면 어묵을 넣는다. 4. 다진 마늘 1 큰 술을 넣고 각종 야채들을 넣는다. 5. 기호에 따라 고춧가루와 후춧가루를 넣어 먹는다.
Tip	기호에 맞게 어묵을 다먹어갈 때쯤 라면사리나 가락국수 사리를 넣어 먹어도 좋다.

ㄹ 김치찌개

| 김치찌개(만개의레시피 : 메이플대니얼) |

소요시간	15분
재료	남은 돼지고기, 김치 반포기, 남은 야채, 양념장, 두부, 라면사리
조리법	1. 바비큐 후 남은 돼지고기들을 먹기 좋은 크기로 준비한다. 2. 물 1L 정도를 넣고 김치 반포기, 고기와 양념장을 넣고 끓여준다. 3. 두부를 넣고 물이 끓기 시작하면 약 불로 줄인다. 4. 소금과 국간장으로 간을 맞추고 남은 야채들을 넣는다. 5. 양념장 : 고춧가루 2 큰 술, 다진 마늘 1 큰 술, 설탕 1/2 큰 술, 소금 1/2 큰 술
Tip	기호에 맞게 라면사리를 넣어 먹어도 좋다.

⊡ 감자전

| 감자전(만개의레시피 : 815요리사랑) |

소요시간	10분
재료	껍질 벗긴 감자 500g, 전분가루 2 큰 술, 꽃소금 3/1 큰 술
조리법	1. 감자를 1/4로 자른 후 믹서기에 넣고 감자를 갈아준다. 곱게 갈린 감자를 채망에 받쳐 물을 빼내준다. 2. 갈린 감자를 볼에 넣고 전분가루를 2 큰 술 넣어주고 소금 1/3 큰 술을 넣어서 반죽을 해준다. 3. 프라이팬에 기름을 넉넉하게 두른 후 본인이 원하는 크기로 반죽을 부어준다. 4. 앞, 뒤로 노릇하게 굽는다.
Tip	반죽은 미리 만들어가는 것이 좋으며 고명은 쑥갓, 홍고추, 청고추 기호대로 올린다.

ⓑ 쌈장 볶음밥

| 쌈장 볶음밥(만개의레시피) |

소요시간	10분
재료	밥 1공기, 남은 삼겹살 100g, 갯잎 2장, 쌈장 3큰 술, 포도씨유 2큰 술, 대파
조리법	1. 먹기 좋은 사이즈로 삼겹살을 자른 후 대파와 함께 예열된 프라이팬에 중불로 2분정도 볶아준다. 2. 고기가 노릇하게 익어갈 때 쯤 밥을 넣어 볶아주고 밥알에 기름이 배어들면 쌈장 3큰 술을 넣어준다. 3. 잘 볶아진 밥에 깻잎과 김을 뜯어 넣어준다.
Tip	기호에 따라서 달걀프라이를 올려 먹어도 좋다.

㉆ 반건조 오징어 버터구이

| 반건조 오징어 버터구이(만개의레시피 : 먹순) |

소요시간	10분
재료	마른 오징어 1마리, 버터 2 큰 술, 다진 마늘 1 큰 술, 설탕 1 큰 술, 소금 약간, 파슬리가루 약간
조리법	1. 오징어는 물에 담가 30~40분 정도 불린다. 2. 물기를 제거한 뒤 몸통 가장자리에 가위로 칼집을 넣는다. 3. 약불로 예열된 팬에 버터 2큰 술, 다진 마늘 1큰 술, 소금 약간, 파슬리가루 약간 넣고 마늘향이 올라올 때 까지 끓인다. 4. 오징어를 넣고 앞뒤로 묻혀가며 노릇하게 구워준다.
Tip	• 더 부드럽게 먹고 싶다면 1시간 정도 불려줘도 된다. • 기호에 따라 간장, 청양고추, 마요네즈, 양념에 찍어먹어도 좋다.

◎ 통삼겹 쌈장 바비큐

| 통삼겹 쌈장 바비큐(만개의레시피 : cj제일제당) |

소요시간	70분
재료	돼지고기 통 삼겹살 2덩이, 쌈장 1통
조리법	1. 돼지고기에 쌈장을 골고루 잘 발라 비닐팩에 넣어 30분~1시간 정도 양념이 배이게 한다. 2. 그릴 한쪽에 브리켓을 넣고, 반대쪽에 기름 받이를 넣어준다. 3. 밑간 한 고기를 기름 받이 위에 올려주고 그릴 뚜껑을 닫고 그릴온도 150도, 심부온도 70도 이상으로 유지해준다. 4. 중간에 색을 봐가면서 뒤집어주고, 70분 정도면 완성된다.
Tip	시간은 오래 걸리지만 다른 요리에 비해 손이 많이 가지않아 조리하기 쉽다.

　지금까지 통계적으로 캠퍼들 사이에서 선호하는 음식과 조리법을 알아보았다. 이외 캠핑장에서 직접 만들어 먹을 수 있는 음식들은 정말 다양하다. 하지만 중요한 건 캠핑장소 혹은 분위기 그리고 누구와 함께하느냐에 따라 취향에 맞춰 조리하는 게 캠핑장 음식준비의 핵심이다.

4) 백패킹으로 수납 부피 제한이 있을 때

국내에서는 허가된 캠핑장 이외에는 화기 사용이 금지되어 있어 캠핑장 이외의 장소로 백패킹을 간다면 스토브의 사용보다는 발열팩을 이용한 비화식으로 음식을 조리한다. 그러기에 간단한 음식을 선호한다. 여름철에는 음식이 상하기 쉬워 용기가 유연한 보온, 보냉 가방에 음식을 준비해가거나 라면이나 스프 같은 간단하고 가벼운 가공 조리 식품이나 빵, 견과류 또는 사과, 참치캔 등 장시간 보관해도 상하지 않으면서 기본적인 영양소를 충족시킬 수 있는 음식으로 준비하는 것이 좋다.

발열 팩과 다목적사각 용기다. 발열팩은 발열재 리필로 다목적 사각용기와 발열팩에 넣어서 음식을 데우거나 조리한다. 화기가 허가된 장소에서는 소형 스토브와 코펠을 챙겨가기도 한다. 코펠 같은 경우에는 티타늄 코펠 초경량 백패킹을 추구하는 백패커들이 늘면서 고가의 코펠임에도 불구하고 가장 가벼운 금속인 티타늄 제품을 선호하는 편이다.

| 다양한 소형 가스버너의 모양들(내가 만드는 잡지식 blog) |

| 발열 도시락(바로쿡 공식홈페이지) |

3 즐거운 캠핑 문화

1) 즐거운 캠핑

2004년 7월부터 도입되기 시작한 주5일 근무제의 도입은 현대인의 일 중심 사회에서 여가와 건강중심의 사회로 변화하고 있다. 1990년대 중반까지 일반캠핑으로 이루어졌고, 주로 산악인이나 등산객들이 캠핑문화를 선도했다. 한국의 캠핑문화는 야외에서 가족들과 함께 고기를 구워먹고 오는 것과 등산, 낚시 등 활동을 통해서 단순하고 간단한 야외취침을 하는 개념이였지만 요즘 변화하고 있는 추세는 자연 친화적, 가족 중심적으로 휴식도 하고 레저도 즐기는 주거형 오토캠핑으로 변화하고 있다.

2018년 여름 33도 이상의 뜨거운 날에도 전국의 캠핑장은 예약을 할 틈도 없이 금방 예약이 마감되었다. 1박 2일, 힐링캠프, 갬성캠핑, 아빠 어디가? 등의 예능 프로그램으로 하여 많은 사람들이 캠핑에 관심을 갖게 일조하였다. 캠핑장이 아닌 별이 잘 보이는 곳, 노을이 아름다운 곳, 빌딩 숲에서 벗어나 자연 그대로를 받아들이고 싶어하는 사람들로 예전과는 다르게 캠핑 문화가 빠르게 변화하고 있다.

◇ 국가별 캠핑의 형태
- 이동형 : 국가의 땅이 넓은 미국과 유럽 등 국가에서는 이동형 캠핑을 선호한다.
- 정착형 : 땅이 협소하고 캠핑장 이외에 캠핑을 할 수 있는 공간이 힘든 한국과 일본 등 국가에서는 정착형 캠핑을 선호한다.

2) 캠핑 문화

캠핑은 자급 활동으로 의·식·주, 안전, 등을 충족시키는 것이 포함되어 있다. 캠핑 중에 요리하기, 먹은 것들 정리하기와 같은 활동은 일상생활에서의 생활과 비슷하지만 어떠한 캠핑을 하느냐, 캠핑장의 분위기, 특성에 따라서 하나의 생존놀이가 될 수 있고 이외에도 캠핑환경에서 놀이 활동은 많으며, 캠핑은 아이들의 교육적인 측면에서도 뛰어나다. 캠핑장에서 자연에 스며들어 먹고, 자고, 생활하는 것만으로도 협동심, 배려심, 공감능력, 공존 등 학교에서는 배울 수 없는 것들을 다양하게 보고, 듣고, 느낄 수 있다.

(1) **생존 놀이** : 자기에게 필요한 것을 스스로 구하고 행동하는 활동
① 불 피우기
② 주변에서 장작 구하기
③ 음식 준비하기
④ 텐트 설치하기
⑤ 뒷정리하기

(2) **사교 활동** : 다양한 사람들과 교제하고 교감을 나누는 활동
① 술 마시기
② 노래하기
③ 게임하기
④ 취미활동 공유하기
⑤ 배드민턴
⑥ 카드놀이
⑦ 숨바꼭질

(3) **레저활동** : 캠핑에서만 놀이를 찾는 것이 아니라 주변 지역 특성의 레저를 즐긴다.
① 스킨스쿠버
② 수상스키
③ 등산
④ 암벽등반
⑤ 낚시

3) 캠핑카 렌트

요즘은 캠핑카를 렌트할 수 있다. 1박에 10만원~30만원까지 금액이 다양하고 샤워실, 화장실, 음식을 할 수 있는 주방까지 모두 설계되어 이동하는 집이라고 해도 무방할 정도로 잘 되어 있다. 이 캠핑카로 주정차 위반에 단속되는 곳이 아니라면 내가 멈추는 곳이 곧 나의 야영지인 것이다. 하루는 바다로, 하루는 산으로, 소형차량부터, 대형차량까지, 다양하게 있어 캠핑에 있어 새로운 느낌을 받을 수 있는 것이 특징이다.

코로나19로 안전하고 독립적인 휴식공간을 갖고 싶어하고 집에 머무는 시간이 늘어남에 따라 차박, 또는 캠핑카 렌트가 늘어나고 있다. 이동성이 좋고 개인공간에서 타인과의 접촉을 최소화 하며 장소제약이 적고 이동과 숙박이 한 번에 해결된다는 점에 코로나19때 인터넷 검색어에 차박, 캠핑카 검색이 많이 증가했다고 한다.

4) 캠핑 에티켓

(1) 옆 텐트와 간격 유지하기

오토캠핑장의 경우 텐트를 설치할 수 있는 면적이 지정돼 있어 지나치게 큰 텐트는 옆 텐트에 피해를 끼칠 수도 있다. 무료 캠핑장의 경우에는 사이트의 크기가 정해져 있지 않아 비교적 자유로운 편이기는 하지만, 캠핑장에서 텐트를 칠 때는 옆 텐트와의 간격이 좁아지지 않도록 주의해야 한다.

(2) 매너타임 지키기

캠핑장에서는 일반적으로 밤 10시부터 아침 7시까지 취침하는 사람들을 배려해 시끄럽게 웃고 떠들지 않는다. 밤늦게 캠핑장에 도착해 텐트를 설치할 때는 주변의 캠퍼들에게 소음에 대한 양해를 구한 후 날씨 조건이 나쁘지 않다면 최소한의 팩만 박은 후 아침에 나머지 팩을 박는 것이 좋다.

(3) 캠프파이어와 불멍

캠프파이어나 불멍을 할 때 제대로 된 장작이 아닌 아무 나무나 주워 태우게 되면 연기도 많이 나고 주변으로 불똥이 튈 수도 있어 가공이 잘되고 화학성분이 아닌 천연 착화제를 입한 숯 장작을 이용해야 한다.

(4) 우리 아이 통제하기

캠핑장에서는 부주의로 인한 안전사고 발생의 위험이 높고 뜨거운 불과 텐트에 연결하는 줄, 팩과 같이 아이들이 뛰어다니다 걸려 넘어져, 찰과상, 화상 위험이 있기 때문에 어른들은 아이들을 통제해야 한다.

캠핑 에티켓

① 지정된 장소 외 쓰레기 버리지 않기
 - 담배꽁초, 껌, 휴지, 쓰레기, 죽은 짐승, 그 밖의 더러운 물건이나 못쓰게 된 물건을 함부로 아무 곳에나 버린 사람
 - (10만원 이하의 벌금, 구류 또는 과태료 처벌 경범죄 처벌법」 제3조제1항 제11호).
② 노상방뇨 하지 않기
 - 길, 공원, 그 밖에 여러 사람이 모이거나 다니는 곳에서 함부로 침을 뱉거나 대소변을 보거나 또는 그렇게 하도록 시키거나 한 사람
 - (10만원 이하의 벌금, 구류 또는 과태료 처벌 경범죄 처벌법」 제3조제1항 제12호).
③ 자연훼손 금지
 - 공원, 명승지, 유원지나 그 밖의 녹지구역 등에서 풀, 꽃, 나무, 돌 등을 함부로 꺾거나 캔 사람 또는 바위, 나무 등에 글씨를 새기거나 해서 자연을 훼손한 사람
 - 10만원 이하의 벌금, 구류 또는 과태료 처벌 경범죄 처벌법」 제3조제1항 제15호)
④ 불안감 조성하지 않기
 - 정당한 이유 없이 길을 막거나 시비를 걸거나 주위에 모여들거나 뒤따르거나 몹시 거칠게 겁을 주는 말이나 행동으로 다른 사람을 불안하게 하거나 귀찮고 불쾌하게 하는 행위
 - 10만원 이하의 벌금, 구류 또는 과태료 처벌 경범죄 처벌법」 제3조제1항 제19호)
⑤ 불명, 캠프파이어 및 모닥불 피울 때 주의하기
 - 충분한 주의를 기울이지 않고 건조물, 수풀, 그 밖에 불붙기 쉬운 물건 가까이에서 불을 피우거나 휘발유 또는 그 밖에 불이 옮아붙기 쉬운 물건 가까이에서 불씨를 사용한 사람
 - 10만원 이하의 벌금, 구류 또는 과료(科料)의 형으로 처벌됩니다(「경범죄 처벌법」 제3조제1항 제22호).
⑥ 물건 던지기 등 위험한 장난 하지 않기
 - 다른 사람의 신체나 다른 사람 또는 단체의 물건에 해를 끼칠 우려가 있는 곳에서 충분한 주의를 하지 않고 물건을 던지거나 붓거나 또는 쏜 사람
 - 10만원 이하의 벌금, 구류 또는 과료(科料)의 형으로 처벌됩니다(경범죄 처벌법」 제3조제1항 제23호).
⑦ 폭죽 및 화약류 폭발의 우려가 있는 물건을 다루거나 장난하지 않기
 - 여러 사람이 모이거나 다니는 곳에서 충분한 주의를 기울이지 않고 총포, 화약류, 그 밖에 폭발의 우려가 있는 물건을 다루거나 이를 가지고 장난한 사람
 - 10만원 이하의 벌금, 구류 또는 과료(科料)의 형으로 처벌됩니다(「경범죄 처벌법」 제3조제1항 제38호).

출처 : 찾기 쉬운 생활법령정보(캠핑 → 야영 → 에티켓 지키기 → 캠핑 중 에티켓 지키기)

(5) LNT운동(Leave No Trace) : 흔적 안남기기 운동

선진 캠핑문화를 이루기 위해 미국 산림청에서 실시하고 있는 환경보호 운동이다.

① 사전에 충분히 준비하고 계획한다.
② 지정된 지역이나 등산로만 걷고 캠핑을 한다.
③ 배설물이나 쓰레기는 도로 가져온다.
④ 자연물을 보호한다.
⑤ 캠프파이어는 최소화하고 화로대를 사용한다.
⑥ 야생 동·식물은 보호하고 존중한다.
⑦ 다른 사람을 배려한다.

캠핑레저문화

캠핑레저를 안전하게 즐기기 위한 가이드

제 **5** 장

캠핑 위험요소와
안전대책

제 5 장  캠핑 위험 요소와 안전대책

낯선 환경의 야외에서 숙식을 해결하는 캠핑의 특성상, 안전사고에 대한 위험에서 자유로울 수 없다. 2010년 282건이었던 캠핑장 안전사고는 2012년 4,350건으로 15배 이상 증가한 것으로 조사되었다(국민안전처, 2012). 국립재난안전연구원이 2013년 전국 430개 캠핑장을 대상으로 실시한 안전실태 점검에서 안전한 A등급을 받은 캠핑장은 17개소밖에 되지 않았고, 79%인 340개소가 최하위 안전 등급인 E등급을 받았다. 2013년부터 안전한 캠핑장 이용을 위한 다양한 입법 논의가 시작되었지만 여러 가지 현실적인 문제로 인해 법·제도 도입이 지연되면서 팽창하는 캠핑장과 캠핑인구만큼 안전사고도 계속 증가했다. 증가하는 캠핑장 안전사고들은 새롭게 캠핑을 시작하려는 사람들을 주저하게 만들고 있다.

| 캠핑 사진(pixabay.com) |

캠핑장에서 발생하는 안전사고는 가스질식 사고, 급격한 기후 변화로 인한 안전사고, 야생동물 및 곤충에 의해 발생하는 사고, 시설물 및 장애물에 의해 발생하는 사고, 화재 및 화상으로 인한 사고 등이 있다. 사전에 각 안전사고에 대한 예방법을 숙지하고, 사고 발생 시 대피소와 상황에 맞는 대처방법을 잘 표시 한다면 더욱 안전하게 캠핑을 즐길 수 있다.

안전사고 인식

1) 안전사고 예방을 위한 투자, 손실이라는 인식 변화

인간은 흔히 안전사고와 같은 손실 상황에서 위험을 감수하는 소극적 방안을 선호하는 경향이 있기 때문에 소극적 방안에 대한 강력한 규제와 처벌이 현실적으로 필요하며, 궁극적으로 안전사고 예방에 드는 비용을 손실로 보는 인식을 바꿀 필요가 있다. 생명을 구하고, 환경을 살리고, 미래의 큰 이익을 보장하는 이득의 관점으로 인식해 스스로 안전한 선택을 하게 해야 한다.

페덱스사의 1:10:100 법칙(재해 비용의 법칙)

결국 호미로 막을 일을 나중에는 가래로도 못 막는다.
불량이 생길 경우 즉각적으로 고치는 데에는 1의 원가가 들지만, 책임소재나 문책 등의 이유로 이를 숨기고 그대로 기업의 문을 나서면 10의 원가가 들며, 이것이 고객 손에 들어가 클레임으로 되면, 100의 원가가 든다는 법칙이다. 비용이 초기단계에서 대처하면 아주 저렴하지만 이를 방치하고 무시하면 눈덩이처럼 불어나 감당하기 어렵게 된다.

2) 큰 사고 뒤에는 항상 전조증상의 작은사고가 있음(하인리히 법칙)

재해는 특히 연속적으로 발생하는 재해는 결코 우연히 발생했다거나 누군가의 잘못이 없이 발생했다고 볼 수가 없으며 이러한 문제가 개선되지 않고 있기 때문에 사고가 지속되고 있다고 봐도 무방할 것이다. 이러한 문제는 특정 산업부문에 치우쳐 발생하던 예전과 달리 최근에는 재해가 때와 장소를 가리지 않고, 사회 전반에 걸쳐 발생하고 있으며 그 규모가 갈수록 다양화, 대형화되고 있다는 것이 문제이다. 그 대형재난 사고가 일어나기 전의 작은 징조나 사고를 우리가 무시하고 인지하지 못하기 때문이다.

| 하인리히 법칙(선온인문학연구소, 2022) |

2 캠핑 위험 요소

1) 장비

캠핑에 있어서 장비는 필수적이며 장비 의존적인 레저활동이라고 할 수 있다. 나의 주거공간에서 벗어나 캠핑을 즐기기 위해서는 최소한의 장비일지라도 거주공간에서 사용하는 대부분의 장비를 구비하여 캠핑으로 떠날 것이다. 하지만 대부분의 캠핑객들이 그렇듯이 장비를 철수할 때 장비의 물기를 제거하고, 청소하고, 잃어버린 물건이 있는지 확인하는 경우가 많다. 이는 다음 캠핑을 위해서 필요한 행동이지만 더욱 철저하게 확인해야 한다. 일례로 캠핑 시 종종 듣게 되는 일산화탄소 중독에 있어서 필수 장비인 일산화탄소 측정기가 없거나 고장난 일산화탄소 측정기 때문에 사고가 발생할 우려가 있을 것이다.

캠핑객들이 구비하고 있는 장비의 청소상태, 파손 여부, 고장여부를 항상 확인해야 하는데 대부분의 캠핑객들은 여분의 장비를 갖고 있지 않을 것이다. 여분의 장비가 없기 때문에 장비가 온전하지 못한 상태에서 간단한 조치 또는 조치하지 않은 상태로 캠핑을 할 것이고 이는 사고로 이어질 가능성이 충분하다.

또한, 기상상황 또는 주변환경에 맞는 장비를 구비해야 한다. 많은 캠핑객들은 단일장비로만 4계절 캠핑을 즐기는 경우도 많다. 이는 적절하지 않으며 기상상황 또는 주변환경에 맞는 장비를 준비해야 더욱 안전한 캠핑을 즐길 수 있을 것이다.

2) 기상

레저활동 시 가장 먼저 확인해야 할 것은 기상상황일 것이다. 특히, 야외에서 진행되는 캠핑의 경우 기상상황을 확인하는 것은 매우 중요할 것이다. 대부분의 캠핑지가 깊은 산속, 바닷가 근처, 강과 계곡 인근에 위치한 경우가 많기 때문에 기상으로 인한 변수가 많이 생길 것이다. 강해지는 바람, 강한 파도, 급격히 불어나는 계곡과 강물은 안전에 지대한 영향을 끼칠 수 있다.

최근에는 캠핑 열풍으로 인기 캠핑사이트는 몇 주 또는 몇 개월 전에 예약해야만 캠핑이 가능한 곳도 많다. 특히, 이런 경우에는 기상상황을 예측하거나 대비하기가 어려워진다.

2022년 8월 폭우로 인해 캠핑장에 고립되어 소방당국에 구조된 사례도 있다. 이처럼 기상상황을 예측하지 못한 경우에는 위험상황에 처할 가능성이 높을 것이다. 기상상황에 따라 캠핑계획을 바꾸는 것 또한 중요한 일 중 하나일 것이다.

3) 주변 환경

캠핑의 목적은 도심지에서 벗어나 자연속에서 지내는 즐거움 때문이다. 이러한 목적 때문에 대부분의 캠핑지는 자연속에 위치하며 깊은 산속, 바닷가 근처, 강과 계곡 근처에 있는 경우가 흔하다. 과거 구석기 시대의 사람처럼 자연에서 생활한다는 것은 수많은 위험 요소를 지니고 있기 마련이다. 예를 들어서 암석으로 둘러쌓여 있는 지형 같은 경우에는 낙석에 따른 위험과 숲으로 둘러쌓인 경우에는 야생동물로 인한 위험이 도사리고 있을 것이다. 이러한 환경에서 캠핑을 할 경우 우선 캠핑 사이트의 안전과 환경을 점검하여 위험상황에 대한 예방조치를 해야 할 필요가 있다.

4) 개인 건강상태

캠핑활동 시 중요한 요소 중 하나는 개인의 건강상태일 것이다. 누구나 강조하겠지만 그 위험성을 가볍게 치부해 버리는 경우가 많다. 과거에 비하여 캠핑레저가 활성화 되고 유명 캠핑 사이트는 예약을 하지 않으면 캠핑을 할 수 없게 되는 경우가 많아지면서 개인의 건강상태를 미처 신경쓰지 못하고 캠핑을 하는 경우엔 심각한 질병으로 이어지는 경우도 있다. 특히, 코로나19와 같은 전염성 질환은 캠핑레저활동 시 공용 화장실, 공용 샤워장, 공용 주방공간 등 다양한 공용공간을 사용하는 경우 감염이나 질병에 노출되어 위험한 상태에 놓일 수 있다.

3 캠핑 안전 수칙

캠핑활동 시 자주 발생하는 사고를 유형별로 파악하여 캠핑 안전수칙을 소개하도록 하겠다.

1) 밀폐된 텐트 내부는 질식, 화재 위험, 일산화탄소 중독에 위험하다.
   - 텐트 안에서 잠을 잘 때는 침낭이나 핫팩 등을 활용해 체온을 유지한다.
2) 캠핑장에서 이동 시 텐트 등을 고정한 줄에 걸리지 않게 조심한다.
   - 밤에는 고정 줄이 보이지 않아 야광 줄이나 끝막이(스토퍼)를 사용하는 것이 좋다.
3) 화로에 불을 피울 때는 주변에 물을 뿌리고 잔불 정리를 철저히 한다.
4) 바람막이 사용으로 부탄가스 용기 과열을 방지한다.

5) 화기 옆이나 여름철 뜨거운 차량 내 부탄가스를 방치하면 안 된다.

6) 휴대용 버너를 두 개 이상 연결하거나 버너보다 큰 불판을 사용할 경우 부탄가스가 과열되어 위험하다.

4 응급처지

응급처치는 위급한 상황의 환자에게 우선 생명을 구하기 위하여 의료상의 조치를 취하는 행위로, 즉 응급환자가 발생하면 응급의료체계에 신고한 후 도움을 받기 전까지 현장에서의 신속한 응급처치로 환자의 생명을 구하고 장애를 최소화시키며 치료시간을 단축시키는 것을 말한다. 2016년 문화체육관광부에서 작성한 야영장 사업자 안전교육에 포함되어 있는 응급처치 방법에 대해서 소개하겠다.

응급상황에서의 행동은 다음과 같다.

① 현장조사
   • 현장의 안전상태와 위험요소를 확인
   • 사고상황과 환자 및 부상자의 수를 파악
   • 응급처치에 도움을 줄 수 있는 사람을 확인
   • 아무리 긴급한 상황이라도 자신의 안전에 주의를 기울여야 함

② 구조요청
   • 현장조사와 함께 응급의료체계에 육하원칙에 의해 신고함
   • 현장에서 신고요령
   • 환자의 위치는 주소, 교차로 이름, 기타 쉽게 알 수 있는 지형・지물, 환자가 있는 특정 위치 등으로 정확히 알려야 함
   • 신고하는 사람의 이름과 전화번호를 알려줘야 함. 이는 전화가 끊겼을 때, 나중에 119에 필요한 정보를 확인하기 위해서임
   • 일어난 상황에 대해서 설명함(예 : 학생이 난간에서 떨어졌는데 움직이지 않음)

- 다치거나 아픈 사람의 수를 알려야 함. 몇 명이 다치거나 아픈지 설명하고, 구체적인 상황을 알려야 함(예 : 차 두 대가 충돌해서 세 명이 차에 갇혀있음)
- 사람의 상태와 자신이 해준 응급처치 내용을 알려줘야 함(예 : 학생 머리에 피가나서, 그 부위를 누르고 있음)

③ 응급처치
- 환자의 생명이 위급한지 평가한 후 적절한 응급처치를 시행
- 심장, 폐, 뇌, 척추 등 생명이 위급한 부위의 평가가 중요하며 자신이 응급처치자임을 알려야 함
- 지속적인 응급처치를 시행하며 응급의료진이 도착하면 환자 상태에 대하여 정확히 알려야 함
- 다음의 환자에게는 경구에 아무 것도 투여하면 안 됨
  의식이 없는 환자, 복부에 심한 상처를 입은 환자, 심한 출혈이 있는 환자에게는 아무 것도 주지 않도록 함. 의식이 없는 환자의 경우 음식물 등이 기도를 폐쇄할 염려가 있으며 복부에 상처가 있는 환자는 긴급한 수술을 필요로 하기 때문
- 부상자를 옮길 때에는 적절한 운반법을 활용함
- 부상자를 운반할 때에는 손상부위에 충격이 없도록 주의하면서 운반도중에 필요한 응급처치를 계속함
- 쇼크를 예방하는 처치를 함
- 환자의 자세는 편안하게 안정시키고, 조이는 옷은 풀어주며 부상이 심한 경우에는 환자에게 보이거나 알려주지 않도록 함. 또한, 체온유지에 유의하며 출혈 시에는 즉시 지혈하고 감염을 초래할 이물질에 접촉되지 않도록 함

1) 외출혈 환자처치

개방된 상처에서 피가 날 때 외출혈이라 하고, 일차평가 중 치료하여야 할 출혈이 있는지 확인하고 출혈이 심하면 즉시 상처부위를 지혈하고 출혈부위를 심장보다 높게 해야 함

- 지혈대는 사용하지 않음
- 지혈대가 필요한 경우는 거의 없으며 지혈대를 잘못 사용하면 신경조직과 혈관을 손상시킬 수 있고 심한 경우 팔, 다리를 절단해야 할 수도 있다. 외출혈을 지혈하는 순서는 다음과 같음

- 감염차단 조치(손수건 덮거나, 장갑 착용)를 함
- 옷을 벗기거나 잘라서 상처부위를 드러냄
- 소독거즈나 패드로 출혈이 있는 상처를 직접 덮은 후 손으로 직접 압박함(10분 이내에 출혈이 멈추지 않으면 압박부위를 넓히고 더 세게 압박함)
- 출혈이 있는 사지를 심장보다 높은 위치로 들어 올림
- 출혈이 계속되면 처음 댔던 거즈 위에 소독된 거즈나 패드를 덧댐
- 그 자리에 붕대를 감음(붕대를 감은 후 출혈이 계속 되어도 절대 붕대를 상처에서 제거하지 말고 붕대를 덧대고 단단히 압박)
- 상처에서 계속 출혈이 있으면 동맥 압박점(상완동맥, 대퇴동맥)에 압박을 가함
- 출혈이 멈추면 압박붕대를 사용하여 상처 위에 댄 드레싱을 고정시킴. 피가 순환하지 못할 정도로 압박붕대를 단단히 감지 않도록 함
- 상처부위에서 먼 쪽의 맥박을 확인하여 혈액순환을 확인함

2) 내출혈 환자처치

내부출혈은 겉으로는 출혈이 보이지 않지만 신체내부에는 출혈이 있는 경우를 말하며, 내출혈의 증상과 징후는 다음과 같다.

- 중요장기(흉부, 복부)의 통증 또는 부종(멍)
- 통증이 있거나 부어오르거나 변형된 사지
- 입, 직장, 질, 기타 체공으로부터의 출혈
- 압통, 강직, 혹은 팽만 된 복부
- 암적색이나 선홍색 구토물을 토하는 경우
- 어두운 흑색 변 또는 선홍색의 혈변이 나오는 경우
- 쇼크의 증상과 징후들
- 내출혈을 야기할 만한 손상기전을 갖고 있는 경우
  추락, 자동차 또는 오토바이 사고, 관통상(총상), 박힌 상처, 자상 등

내출혈 환자 처치는 쇼크의 예방과 처치에 중점을 둔다. 내출혈의 최종치료는 병원의 수술실에서만 가능하므로 내출혈이 의심되는 환자는 심각한 환자로 즉시 병원으로 이송해야만 함. 처치의 순위는 다음과 같다.

- 기도개방, 호흡유지. 혈액순환 등을 확인
- 구토에 대비한다. 구토 시 구토물이 폐로 들어가지 않도록 함
- 다른 외출혈이 있으면 지혈한다. 손상된 사지에 내출혈이 의심되는 경우 부목을 적용
- 쇼크에 대비하여 환자의 다리를 20~30㎝ 정도 들어 올려주며, 코트나 담요 등으로 환자를 덮어서 따뜻하게 해줌
- 신속히 병원으로 이송(내출혈은 대부분 수술실에서 지혈되어야 함)

3) 쇼크 환자처치

쇼크란 산소를 함유한 혈액이 인체의 각 부분에 충분히 전달되지 않아서 발생하는 순환계의 기능장애이며 쇼크에 대한 처치를 하지 않으면 세포와 기관의 기능장애를 초래하고 결국에는 사망할 수 있음. 대표적인 쇼크는 출혈성 쇼크로 출혈에 의한 혈액소실로 심혈관계의 혈액량이 충분하지 못한 경우 발생. 쇼크의 증상과 징후는 나타나는 순서에 따라 다음과 같음

- 뇌에 산소 공급이 제대로 되지 않아 발생하는 의식수준의 변화(불안, 긴장, 초조 등)
- 피부, 입술, 손톱이 창백하고 차고 축축한 피부 및 체온저하
- 오심과 구토, 심한 갈증
- 빠르고 약한 맥박, 불규칙하고 힘들며 낮은 호흡
- 무반응(심한 쇼크일 경우 무반응)
- 쇼크에 대한 응급처치는 출혈에 대한 처치와 유사하다. 쇼크 환자에 대한 가장 중요한 처치는 처치자가 문제를 빨리 인지하고 결정적인 처치를 받을 수 있는 병원으로 이송하는 것
- 쇼크 환자의 경우 시간은 매우 중요하며 이송도 하나의 처치라는 사실을 기억해야 함

쇼크에 대한 응급처치 단계는 다음과 같음
- ABC(기도, 호흡, 혈액순환)를 유지와 함께 환자를 안정시킴
- 모든 외출혈을 지혈함
- 부상자를 똑바로 눕힘
- 척추 손상의 가능성이 없다면 다리를 20~30㎝ 정도 높여 하지의 혈액이 심장이나 뇌로 가도록 함
- 환자에게 담요를 덮어 체온손실을 예방함
- 환자를 즉시 이송하고 가능한 한 빨리 병원에 도착해야 함

4) 연부조직 개방성 손상

신체의 연부조직은 피부, 지방조직, 근육, 혈관, 섬유조직, 막, 선, 신경을 포함하고 치아, 뼈, 연골들은 경부조직으로 분류됨

- 가장 명백한 연부조직 손상은 피부에서 생김
- 피부는 3개의 주요한 층, 즉 표피, 진피, 피하조직으로 되어 있음
- 연부조직 손상은 일반적으로 개방성 손상과 폐쇄성 손상으로 나누어짐

개방성 손상이란 표피나 신체의 주요 부분을 덮고 있는 점막이 손상되면서 내부 조직까지 손상된 경우로써 피부가 절단되고 파괴되어 아래에 있는 조직이 노출된 손상

임상적 유형	특　징
찰과상(Abrasion)	피부가 단순히 벗겨지거나 긁혀서 표피와 진피의 일부가 떨어져 나간 것으로 진피의 손상된 모세혈관에서 혈액이 스며 나올 수도 있지만 출혈이 거의 없을 수도 있다.
열상(Laceration)	피부의 표피, 진피, 피하조직이 베이거나 들쑥날쑥하게 찢기는 것으로 심부의 근육 그리고 연관된 신경과 혈관까지도 손상을 입을 수 있다.
천자상(Punctures)	날카롭고 뾰족한 물체가 피부나 다른 조직을 뚫고 지나갔을 때 발생하며 천공천자상과 관통천자상(총상)이 있다.
박탈창(Avulsion)	피부판과 조직이 찢겨 늘어지거나 완전히 벗겨진 경우
절단(Amputation)	사지(손가락, 발가락, 손, 발)의 일부가 완전히 잘리거나 잘린 후 피부에 피판처럼 달려 있는 상태
압좌상(Crush injury)	사지가 기계류와 같은 무거운 물체에 끼여 연부조직과 내부 장기가 심한 외부출혈과 내부출혈을 일으킬 정도의 압좌될 경우 발생한다.

| 개방성 손상의 유형(문화체육관광부, 2016) |

개방성 상처에 대한 응급처치의 일반적인 지침은 다음과 같다.
- 감염방지 조치(비닐장갑 등)를 취함
- 상처를 노출시킴(가위를 이용하여 의복을 제거)
- 상처표면을 깨끗이 함. 상처에 꽂혀 있는 조각이나 파편을 뽑으려하지 않음
- 출혈부위를 지혈하며 환자를 안심시킴
- 주기적으로 출혈을 확인. 원위부 감각, 운동, 기능을 평가함
- 환자를 가만히 누워있게 함. 움직임은 혈액순환을 증가시켜 다시 출혈이 일어날 수 있음

5) 연부조직 폐쇄성 손상

폐쇄성 손상은 둔탁한 물체가 몸에 부딪히는 경우에 생기며, 피부가 찢어지지는 않지만 표피 아래의 조직과 혈관이 파손되어 폐쇄된 공간에서 출혈이 생기며, 폐쇄성 손상이 있는 환자를 검사할 때 항상 손상기전을 고려해야 하며 심각한 손상기전을 갖고 있는 환자는 119에 인계될 때까지 내출혈과 쇼크를 고려해야 함. 응급처치 단계는 다음과 같다.

- 환자의 기도, 호흡, 순환 처치를 함
- 얼음주머니를 대서 지혈을 하되, 20분 이상 대지 않도록 함
- 마치 내부출혈이 있는 것처럼 다루고 내부손상의 가능성이 있다고 생각되면 쇼크 처치
- 통증과 부종이 있는 변형된 사지는 부목으로 고정함

임상적 유형	특 징
타박상(멍, Contusion)	• 멍이 든 것으로 폐쇄성 상처의 가장 흔한 유형 • 표피는 손상되지 않았지만 진피에 있는 세포와 작은 혈관들이 손상된다. • 손상 시 많고 적은 출혈이 발생하고 상처부위에 통증, 부종, 변색이 나타난다.
혈종(Hematoma)	• 피부의 심부조직 중 많은 양의 조직이 손상을 입으면 더 큰 혈관도 손상되어 많은 혈액 손실을 일으키게 되는데 이때 혈관에서 나와 피부의 심부조직에 고인 혈액덩어리를 혈종이라 한다.
압좌상(Crush injury)	• 신체 외부로부터 내부구조로 강한 힘이 전달되어 멍뿐만 아니라 내부 장기를 으깨시거나 파열시켜 내출혈을 유발하는 경우

| 폐쇄성 손상의 유형(문화체육관광부, 2016) |

6) 이물질이 신체에 꽂힌 환자처치

이물질을 움직이거나 제거하지 않으며, 상처부위를 노출 시키고 상처주위의 옷을 벗기거나 잘라내야 한다. 가능하면 직접압박으로 심한 출혈을 지혈하고 물체를 사이에 두고 거즈를 대고, 물체 위를 직접 누르지 않도록 함. 계속 이물질을 고정하고 지혈하는 동안 다른 처치자가 큼직한 드레싱이나 깨끗한 천 등으로 꽂힌 이물질을 움직이지 않게 고정해야 한다. 꼭 필요한 경우에만 물체를 짧게 자름. 일반적으로 꽂힌 물체를 짧게 하려고 자르거나 부러뜨리지 않음

7) 절단 환자처치

다른 외출혈 상황에서와 마찬가지로 지혈의 가장 효과적인 방법은 적절히 압박하는 것임

- 절단된 부위를 직접 압박하여 지혈하고 사지를 심장보다 높게 올림
  - 오염방지 조치 후 드레싱이나 큼직한 천을 몇 겹 댐

- 다른 방법이 모두 실패한 경우에만 지혈대를 사용함
- 절단된 부위를 찾아 119에 인계하여야 한다(환자와 함께 병원 이송).
- 절단부위를 처치할 경우
  - 절단된 신체부위를 생리식염수로 씻는다(오염방지).
  - 절단된 부위를 생리식염수에 적신 거즈나 기타 깨끗한 천으로 쌈
  - 비닐봉지나 플라스틱 주머니 등 방수용기(컵, 유리잔)에 넣은 후 절단부위를 담은 비닐봉지나 용기는 얼음 위에 놓음

8) 화상 환자처치

화상 시 주로 손상받는 부위는 피부. 화상이 심할 경우에는 종종 근육, 뼈, 신경과 혈관을 포함하는 피부속의 구조까지도 손상시킴
- 화상으로 눈이 손상되거나, 호흡기계의 조직부종으로 인해 기도폐쇄를 유발하고 심지어 호흡부전과 호흡마비를 초래할 수 있음

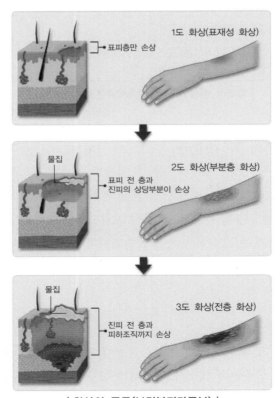

| 화상의 종류(보건복지가족부) |

- 인체의 피부는 세균침입을 방지하고 수분의 침투와 소실을 막고, 체온을 조절함.
- 화상으로 피부가 손상되면 세균의 침입에 의한 감염, 체액 손실, 온도조절 장애 등으로 죽음에 이를 수도 있음. 응급처치는 다음의 순서로 실시

- 화상 진행을 멈춤
  - 의복은 제거하지 않음(필요 시 벗기지 말고 가위로 제거)
  - 찬물에 담그거나(10분 이내) 차가운 물수건을 대어 줌
- 기도(입, 코, 인후두) 손상의 징후를 살핌. 그을음, 코털이 탄 경우, 얼굴 화상
- 심각한 손상과 쇼크에 대비 안정 및 치료
- 화상부위를 붙지 않는 멸균 드레싱으로 덮음(감염예방 및 체온 유지)
- 손·발의 화상은 장신구를 제거하고 손가락과 발가락을 멸균거즈 패드로 분리시킴
- 눈 화상은 눈을 뜨지 않도록 하고, 양쪽 눈을 멸균거즈 패드로 가려서 눈동자가 움직이지 않도록 함
- 화학약품 화상은 흐르는 물로 20분 이상 화학약품을 씻어 내고 화상부위를 건조한 소독 드레싱 또는 깨끗한 수건으로 덮음. 화학물질이 말랐다면 먼저 솔로 털어내고 물로 씻음

9) 근골격계 손상

(1) 골절 : 뼈가 부러진 것으로 개방성과 폐쇄성으로 분류됨

① 개방성 골절

내부의 손상된 뼈 때문에 피부와 연부조직이 손상되어 골절 부위가 외부로 노출된 경우(육안으로 골절된 뼈가 관찰되지 않더라도 골절 부위에서 가까운 피부에 열상, 창상이 있는 경우에는 개방성 골절로 간주함)로서 감염의 가능성이 높아 심각한 상황

② 폐쇄성 골절

골절 부위의 피부와 연부조직에 열상이나 창상이 없는 경우로 폐쇄성 상처가 개방되지 않도록 적절한 부목으로 처치

(2) 탈구 : 관절구조의 손상에 의해 관절이 분리되거나 분열된 상태

(3) **염좌** : 골격계를 지지하는 인대가 늘어나거나 파열되어 발생하는 것으로 일반적으로 관절 손상과 연관된 손상

(4) **좌상 또는 근육이완** : 근육이 과도하게 당겨지거나 사용됨으로써 야기되는 근육 손상 (관절의 손상은 없음)

📝 근골격계 손상환자의 증상과 징후는 다음과 같다.

- **변형 또는 굴절** : 외상력은 뼈를 부러지게 하여 변형되게 하거나, 해부학적으로 굴곡 되게 함. 이러한 변형 여부가 확실하지 않을 경우는 정상적인 반대편 사지와 비교하여 판단할 수 있음
- **동통과 압통** : 의식이 있는 환자는 골절부위를 만지거나 움직일 때 상당한 동통을 나타냄. 골절 여부를 판단하는 가장 좋은 지표가 됨
- **운동 제한** : 골절이 있거나 심한 손상을 입은 환자가 손상부위를 움직이면 상당한 통증을 느끼게 되므로 손상부위를 가만히 놔두거나 보호하려 할 것임
- **염발음** : 부러진 뼈끝이 서로 부딪혀서 발생하는 소리 또는 느낌
- **부종** : 뼈가 부러지고 연부조직이 찢어지면 변형의 비율이 증가될 부종을 일으키는 출혈이 발생. 부종이 발생할 경우 가능한 빨리 반지나 시계 등을 제거
- **멍(반상출혈)** : 골절부위의 피부에서는 커다란 흑청색의 피부 변색을 관찰할 수 있음
- **노출된 뼈 끝** : 개방성 골절에서 뼈끝이 피부 밖으로 노출되거나 상처부위의 심부에서 뼈끝이 관찰되는 경우 골절의 명백한 징후가 됨
- **고정된 관절** : 관절이 탈구되었을 때, 정상 또는 비정상적인 해부학적 자세로 고정될 것임
- **신경과 혈관손상** : 근골격계 손상의 합병증으로 신경과 혈관손상이 있을 수 있음
- **가성 운동** : 관절이 아닌 부위에서 골격의 움직임이 관찰되면 골절이 있다는 것을 의미

📝 근골격계 손상환자의 응급처치는 다음과 같다.

- 다친 곳의 옷을 조심스럽게 제거
- 척추 손상이 의심되면 환자를 절대 움직이게 해서는 안 됨(추락, 부딪힘, 심한 낙상 등)
- 생명을 위협하는 상태를 처리한 다음, 통증·부종이 있는 사지변형 환자에게 부목을 댐
- 시간이 있고 필요하다면 개방된 상처를 멸균 드레싱으로 덮고 사지를 올려주고, 부종을 가라앉히기 위해 손상부위에 냉찜질

10) 독버섯, 독성식물 중독

(1) 독버섯 중독

먹어서 식중독을 일으키는 버섯은 수천 종이 있으나 국내에 분포되어 있는 독버섯은 약 50종류이며, 생명에 관계될 정도의 맹독을 가진 버섯으로는 개나리 광대버섯, 노란 길민그물버섯, 좀우단버섯, 파리버섯 등 다양하다. 독버섯은 습기가 많고 기온이 20~25℃에서 주로 서식하며 여름부터 가을에 걸쳐 발견됨

① 증상

- 독버섯을 먹었을 경우 대개 30분에서 12시간 안에 그 증상이 나타남
- 버섯 종류에 따라 차이는 있지만 대부분은 메스꺼움, 어지러움, 복통, 구토, 설사 등이 나타남
- 심한 경우 근육경련, 혼수상태, 혈변이 발생할 수 있으며, 쇼크가 유발되어 사망에 이를 수 있음

② 응급처치

기도유지, 호흡 및 순환기능을 확인, 독버섯 섭취 시 소금물이나 이온음료를 먹여 토하게 한 후 따뜻한 차를 마시게 하면 독이 흡수 되는 것을 방지할 수 있고, 버섯에 따라 독소물질이 다르므로 먹다 남은 버섯은 보관하며, 응급의료체계에 신고하고 신속히 가까운 병·의원이나 보건소로 이송

(2) 독성식물 중독

은행나무 열매와 옻나무, 개옻나무, 독초 등은 사람에 따라서 만지기만 해도 심한 알레르기를 일으킬 수 있음

- 우리나라에서 접할 수 있는 식물 중 과량 복용하면 사망할 수 있을 정도로 독성이 강한 식물은 미나리 아재비과 식물, 미치광이풀, 독미나리, 산자고, 족도리풀, 지리 강활, 꽃무릇, 주엽나무, 붓순나무 등 많은 식물이 있음

① 증상

독성식물과 접촉하여 증상이 나타나는 시간은 각기 다르나 보통 12시간 안에 가려움이나 발진, 작은 물집이나 농포 같은 것이 생기기 시작

- 때로는 아프고 따끔거리기도 하며 점차 물집들이 터지면서 진물이 흘러나옴
- 이차적 감염으로 농양이 생기기도 하는데 이때 38℃ 이상의 열이 나고 화끈화끈 달아오르기 때문에 고통스러움

② 응급처치
- 독성식물에 접촉하였을 경우 즉시 노출된 피부를 깨끗이 닦아냄
- 독성식물과 접촉 후 가려움이나 발진 증세가 있으면 비누와 찬물로 나뭇진을 씻어냄
- 증세가 가볍다면 1~2컵의 오트밀을 섞은 미지근한 물에 목욕시키거나 칼라민로션 등을 바름

11) 기타 상황별 대처법

(1) 벌에 쏘였을 때

- 침이 박혔을 때는 잘 살펴보고 카드로 살살 긁듯이 제거해 줌
- 벌에 쏘인 자리에 얼음주머니를 대주면 독에 의한 붓기를 가라앉히고 아픔이 가시는데 도움이 됨
- 여러 곳을 쏘여 몸이 가렵고 숨쉬기가 어려운 등의 알레르기증상이 일어나면 신속히 병원으로 가서 치료를 받는 것이 좋음

(2) 뱀에 물렸을 때

- 물린 부위를 물로 씻어내고 깨끗한 넓은 천 같은 것으로 물린 부위에서 심장 쪽에 가까이 위치한 동맥 부위를 적당한 압력으로 묶어 줌
- 자꾸 움직이면 독이 온 몸으로 더 퍼질 수 있으므로 물린 부위 주위를 움직이지 않게 나무막대 등으로 고정시키고 손상부위를 심장보다 낮게 한 다음 병원으로 감

(3) 야생동물에게 물렸을 때

- 야생동물에게 물리면 공수병에 걸릴 수 있음
- 공수병은 흔히 광견병이라고 불리며 동물과 사람 모두에게 전염되는 인수공통전염병
- 여우, 너구리 체내에도 바이러스가 존재하고 바이러스에 감염된 야생동물과 접촉시 사람에게도 감염됨

- 증상은 3~8주간의 잠복기를 거친 후 발열, 두통, 무기력감, 마른기침으로 시작해 흥분, 정신착란, 환각 사고의 장애, 근육마비 등 다양한 뇌염 증세가 발생
- 약 50%의 환자의 경우, 물을 마실 때 후두나 인두부분에 경련이 일어나 고통을 느끼게 됨
- 흐르는 물에 비누를 이용해 상처를 깨끗이 씻은 후 소독약을 바르고, 상처가 가벼워도 병원에서 진찰을 받음
- 깨끗이 씻기만 해도 공수병 발병 확률을 90% 정도 감소시킴

(4) 코피가 날 때

- 앉은 자세는 출혈이 줄어드는 경향이 있고, 피가 목뒤로 넘어가 구역질을 일으키는 경우가 적으므로 의자에 편히 앉도록 함
- 코피가 목으로 넘어가면 삼키지 말고, 입으로 가볍게 뱉어냄
- 깨끗한 솜을 너무 두껍지 않게 말아서 코 안에 깊숙이 넣고, 엄지와 집게손가락으로 양쪽 코볼을 5-10분 정도 압박
- 콧등이나 이마에 얼음이나 찬물 찜질을 함

📝 참고 문헌

국민안전처(2012), 캠핑장 안전사고

권수호(2021), 맨땅에 캠핑, 불폴리오 출판

기상청(2022), 생활 속 기상이야기, 캠핑가기 좋은 날씨는? 날씨 알리미앱 활용하기

김산환(2021), 오토캠핑 바이블, 꿈의지도

김지선(2013), 인조이 캠핑 바이블, 넥서스 BOOKS 출판

네이버 지식백과(2022), 캠핑(2022년 9월 23일 검색)

뉴스1(2022.11.30.), 코로나 여파로 늘어난 등산·캠핑족…관련용품 수입액 급증(2022년 12월 1일 검색)

도서출판 키다리(2022), 캠핑을 100% 즐기는 100가지 방법 : 캠요리부터 캠기술까지

두산백과(2022), 캠핑(2022년 9월 21일 검색)

만개의레시피, https://www.10000recipe.com/, 검색일 : 2023.04.05

매일일보(2022.11.29.), 겨울철 캠핑장 이용 안전 수칙, 여수소방서 여수 119안전센터 소방사 김재혁(2022년 12월 1일 검색)

문화체육관광부(2016), 야영장 사업자 안전교육

미국 msr THERMAREST(2022), http://www.msrgear.co.kr/ 검색일 2022.08.15

바로쿡, http://www.barocook.net, 검색일 : 2023.04.05

박소순, 오금호(2013), 안전한 캠핑장 운영을 위한 정책적 개선방안에 관한 연구 대한안전경영과학회지 15(4), 25-35

보건복지부, 화상의 종류 사진

선온인문학연구소(2022), 산업안전보건법 강의 강사섭외 안전보건공단

슈퍼보이 라이프스타일(2022), 담양 대나무골 오토캠핑장 검색일 : 2022.08.15

안영숙, 이수진(2012), 오케이 가족캠핑 : 가족과 떠나는 캠퍼들을 위한 꼼꼼 가이드, 위즈덤스타일 출판

연합뉴스(2022.11.24.), 롯데멤버스 라임 "캠핑족 43.5%는 코로나 이후 캠핑 입문(2022년 11월 28일 검색)

유동균, 정수봉, 고영화(2021), Kano모형을 이용한 캠핑장 서비스품질 분류와 잠재적 고객만족 개선지수(PCSI) 분석. 한국스포츠학회

인천일보(2022.11.29.), "공원 주차장 맞나요?" 캠핑카 방치 주차난(2022년 12월 1일 검색)

일곱발가락(캠핑의 목적에 따른 사이트 구성의 종류와 유형, 2022) https://seventoe.tistory.com
/318 검색일 : 2022.08.15

찾기 쉬운 생활법률정보(캠핑 → 야영 → 캠핑 위치 선정하기 → 텐트 칠 장소 선정하기(2022),
https://www.easylaw.go.kr/CSP/CnpClsMain.laf?csmSeq=697&ccfNo=3&cciNo=1&cnp

코리아 아웃도어 4계절 백패킹 비박텐트(2022), https://m.blog.naver.com/PostView.naver?isH
ttpsRedirect=true&blogId=jjk1216&logNo=221172742705 검색일 : 2022.08.15

코베아, 캠핑사진

핀터레스트, 캠핑 사진

행정안전부(2019), 안전사고 대비

헬스포츠, 캠핑용품 사진

MBC뉴스(2022.11.29.), 소비자원 "일부 해외구매 캠핑용 가스용품, 안전기준 부적합"(2022년 12월
1일 검색)

캠핑레저문화

캠핑레저를 안전하게 즐기기 위한 가이드

부 록

재난대응 매뉴얼

(스포츠안전재단. 2019)

Orange

스포츠안전, 스포츠선진국으로 가는 지름길입니다

스포츠행사 참여자를 위한
재난대응 매뉴얼

1st Edition

스포츠안전재단
KOREA SPORTS SAFETY FOUNDATION

스포츠행사 참여자를 위한

재난대응
매뉴얼

1st Edition

스포츠행사 참여자를 위한

재난대응 매뉴얼

1st Edition

Chapter 1 매뉴얼 개요

1 개발 취지

1.1.1 개발 의의

최근 기후변화 및 기타 다양한 이유로 꾸준히 발생하고 있는 각종 재난(폭염, 미세먼지 등)으로 인해 스포츠행사 현장에서의 안전이 위협받고 있습니다. 따라서 단순히 야외 스포츠 활동을 제한하는 수준에서 벗어나 발생 가능성이 높거나 이미 발생한 재난에 대한 체계적인 대비와 대응체계 구축은 선택이 아닌 필수입니다.

.

따라서 스포츠행사 기획, 운영 시 운영자가 재난에 대한 대비 및 대응체계 관련 내용을 사전에 숙지하여 보다 안전한 스포츠 환경을 조성하는데 도움을 드리기 위해 본 매뉴얼을 개발하였습니다.

1.1.2 목적

본 매뉴얼은 스포츠활동이나 스포츠행사 참여 시 일어날 수 있는 재난으로 인한 사고를 예방하고 이를 통해 안전한 스포츠 활동 환경을 조성하는 것을 목적으로 합니다. 본 매뉴얼에서 스포츠행사에 영향을 미치는 재난으로는 사회재난인 미세먼지와 자연재난인 폭염과 풍수해, 지진으로 설정하여 작성하였습니다.

스포츠 활동 및 행사 참가 시 본 매뉴얼을 통해 재난의 유형을 사전에 파악하고 그에 따른 행동요령을 체득함으로써 재난으로 인한 피해를 최소화 하고자 합니다.

2 스포츠 활동과 관련된 재난 유형

1.2.1 스포츠 활동에 영향을 미치는 재난 유형 선정

국내 주요 스포츠행사 개최시기와 월별 재난 발생 위험과의 매칭을 통해 스포츠 활동에 영향을 끼칠 수 있는 재난유형을 1차적으로 선정하였습니다. 월별 재난 발생위험은 풍수해, 폭염 등 자연재난과 미세먼지에 대해 분석하였습니다.

구분	주의해야할 재난 유형	구분	주의해야할 재난 유형
1월	대설, 한파, 초미세먼지	7월	호우, 폭염
2월	강풍, 대설	8월	호우, 폭염
3월	강풍, 대설	9월	호우, 태풍
4월	강풍, 호우, 미세먼지	10월	강풍, 호우
5월	강풍, 호우, 미세먼지	11월	강풍, 대설
6월	강풍, 호우	12월	강풍, 대설, 초미세먼지

풍수해(강풍, 호우, 태풍, 한파, 대설) 황사, 폭염은 지난 10년간(2007~2016) 기상청에서 발표한 기상특보(주의보/경보)를 합산하여 월별 최다 특보 발표 유형과 차순위 특보 발표 유형을 선정하였습니다.

환경부에서 2015년부터 대기정보를 별도로 발령하는 미세먼지와 초미세먼지의 경우, 주의보 및 경보 발령 현황(2015 ~ 2018)을 합산하여 미세먼지 주의보가 빈번히 발생한 월을 선정하였습니다.

지진의 경우 기상청에서 지진재난정보를 문자로 발송하고 있습니다. 지진은 지면이 흔들리는 자연 현상으로, 예고 없이 찾아오기 때문에 많은 피해를 줄 수 있기 때문에 각별히 주의해야 합니다.

따라서 풍수해 및 폭염 등의 타 재난 유형과는 달리 특정 월별시기도 없으며, 예측하기 어려운 차이점이 있습니다. 지진 피해를 최소화하기 위해서는 지진 발생 시 행동요령을 평소에 익히고, 실제 발생 시 침착하게 대처하는 것이 중요합니다.

《 지진피해의 유형 》

구 분	직접피해	연계피해
지반 파괴	지반변형/붕괴/액상화	스포츠경기장 등 시설물의 2차 붕괴
	산사태, 매몰	교통두절, 인명피해
구조물 붕괴	스포츠 경기장 및 건물 부분손실/반파/전파	인명피해, 이재민의 발생 다중밀집시설 대형사고

《 월별 재난유형별 주의보·경보 발령 횟수 》

구분	강풍	호우	대설	황사	한파	태풍	폭염
1월	232	8	552	–	238	–	–
2월	217	28	366	30	75	–	–
3월	330	73	165	61	23	–	–
4월	371	155	13	14	–	–	–
5월	223	201	–	54	–	–	13
6월	60	368	–	–	–	14	17
7월	186	1,529	–	–	–	50	408
8월	175	1,344	–	–	–	126	386
9월	126	469	–	–	–	120	13
10월	163	79	–	–	10	38	–
11월	295	57	104	18	46	–	–
12월	395	19	722	26	191	–	–

구분	미세먼지		초미세먼지	
	주의보	경보	주의보	경보
1월	96	0	168	1
2월	70	6	87	0
3월	154	0	101	0
4월	266	44	22	0
5월	173	26	12	1
6월	7	0	20	0
7월	1	0	9	0
8월	0	0	3	0
9월	0	0	0	0
10월	25	0	50	0
11월	156	8	103	0
12월	36	0	131	0

《 기상특보, 대기경보 발표기준 》

유형	주의보	경보
태풍	– 태풍으로 인하여 강풍, 풍랑, 호우, 폭풍해일 현상 등이 주의보 기준에 도달할 것으로 예상될 때	– 태풍으로 인하여 다음 중 어느 하나에 해당하는 경우 ① 강풍(또는 풍랑) 경보 기준에 도달할 것으로 예상될 때 ② 총 강우량이 200mm이상 예상될 때 ③ 폭풍해일 경보 기준에 도달할 것으로 예상될 때
호우	– 3시간 강우량이 60mm이상 예상되거나 12시간 강우량이 110mm이상 예상될 때	– 3시간 강우량이 90mm이상 예상되거나 12시간 강우량이 180mm이상 예상될 때
강풍	– 바람이 일정 속도 이상으로 발생하여 인명육상에서 풍속 50.4km/h(14m/s) 이상 또는 순간풍속 72.0km/h(20m/s) 이상이 예상될 때. 다만, 산지는 풍속 61.2km/h(17m/s) 이상 또는 순간 풍속 90.0km/h(25m/s) 이상이 예상될 때	– 육상에서 풍속 75.6km/h(21m/s) 이상 또는 순간풍속 93.6km/h(26m/s) 이상이 예상될 때. 다만, 산지는 풍속 86.4km/h(24m/s) 이상 또는 순간풍속 108.0km/h(30m/s) 이상이 예상될 때
대설	– 24시간 신적설이 5cm이상 예상될 때	– 24시간 신적설이 5cm이상 예상될 때. 다만, 산지는 24시간 신적설이 30cm 이상 예상될 때
한파	– 10월~4월에 다음 중 하나에 해당하는 경우 ① 아침 최저기온이 전날보다 10℃ 이상 하강하여 3℃ 이하이고 평년값보다 3℃가 낮을 것으로 예상될때 ② 아침 최저기온이 –12℃ 이하가 2일 이상 지속될 것이 예상될 때 ③ 급격한 저온현상으로 중대한 피해가 예상될 때	– 10월~4월에 다음 중 하나에 해당하는 경우 ① 아침 최저기온이 전날보다 15℃이상 하강하여 3℃ 이하이고 평년값보다 3℃가 낮을 것으로 예상될 때 ② 아침 최저기온이 –15℃ 이하가 2일 이상 지속될 것이 예상될 때 ③ 급격한 저온현상으로 광범위한 지역에서 중대한 피해가 예상될 때
폭염	– 일 최고기온이 33℃이상인 상태가 2일 이상 지속 될 것으로 예상될 때	– 일 최고기온이 35℃이상인 상태가 2일 이상 지속 될 것으로 예상될 때
미세먼지	– 기상조건 등을 고려하여, 해당 지역의 대기자동측정소 PM10 시간평균농도가 150μg/㎥이상 2시간 지속될 때	– 기상조건 등을 고려하여, 해당 지역의 대기자동측정소 PM10 시간평균농도가 300μg/㎥이상 2시간 지속될 때
초미세먼지	– 기상조건 등을 고려하여, 해당 지역의 대기자동측정소 PM2.5시간평균농도가 75μg/㎥ 이상 2시간 지속될 때	– 기상조건 등을 고려하여, 해당 지역의 대기자동측정소 PM2.5시간평균농도가 150μg/㎥ 이상 2시간 지속될 때

MEMO

Chapter 2
재난유형별 특성 이해

1 사회재난

2.1.1 미세먼지/초미세먼지 특성

대기오염(대기질)은 인체 및 생태계 건강에 직접적인 영향을 미치는 대표적인 환경문제입니다. 대기오염을 일으키는 물질은 여러 가지인데, 한국은 주요 대기오염 물질인 아황산가스, 일산화탄소, 이산화질소, 미세먼지(PM10 및 PM2.5), 납, 벤젠 등의 주요 대기오염물질에 대해 일정한 기준(환경기준)을 설정해 놓았습니다.

여러 대기오염물질 중에서 국민 건강과 관련해서 가장 많이 주목받고 있는 것이 미세먼지입니다. 미세먼지는 우리 눈에 보이지 않을 정도로 작은 직경 10㎛ 이하의 먼지 입자를 말하는 것으로 각종 호흡기 질환을 야기하는 대표적인 대기오염물질 입니다. 세계보건기구(WHO)는 미세먼지의 건강 영향을 측정하는 객관적인 지표 중 하나로 미세먼지(PM10)의 연평균 농도를 제안하고 있으며, 1군(Group 1) 발암물질로 분류하고 있습니다.

또한, 미세먼지는 몸 밖으로 배출되지 않고 계속 남아있을 가능성이 큽니다. 기관지나 폐에 쌓인 미세먼지는 코나 기도 점막에 자극을 주기 때문에 비염, 중이염, 후두염증, 천식 등을 유발하거나 악화시킬 수 있습니다.

먼지 대부분은 코털이나 기관지 점막에서 걸러져 배출되지만, 미세먼지(PM10)는 입자의 지름이 사람 머리카락 굵기의 1/5~1/7 정도로 매우 작아 코, 구강, 기관지에서 걸러지지 않고 우리 몸 속까지 스며듭니다.

　1995년에 측정을 시작한 미세먼지(PM10)는 2000년대 중반 이후까지도 대부분의 도시에서 연평균 환경기준(50㎍/㎥)을 초과하였습니다. 정부의 지속적인 규제정책에 힘입어 2012년에는 대부분의 주요 도시들이 연평균 환경기준을 달성하였으나 미세먼지(PM10)의 일평균 환경기준을 초과하는 도시도 여전히 많이 존재하고 있습니다.

　PM10 오염도는 1995년 측정을 시작한 후로 조금씩 감소하다가 1999년을 기점으로 2002년까지 증가하였고 2002년 이후 2012년까지 PM10의 연평균 농도는 점진적으로 감소하는 추세를 보였습니다.

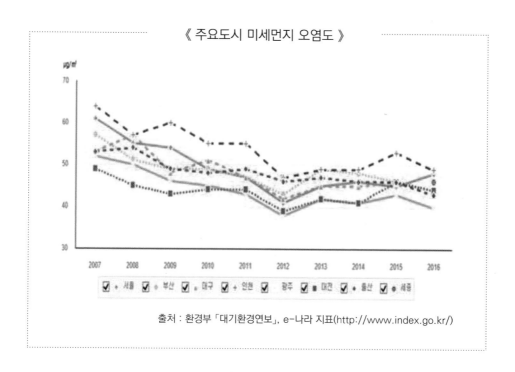

《 주요도시 미세먼지 오염도 》

출처 : 환경부 「대기환경연보」, e-나라 지표(http://www.index.go.kr/)

최근 들어 문제가 되고 있는 초미세먼지(PM2.5)는 입자 크기가 작아 폐포 깊숙이 들어갈 수 있기 때문에 독성이 상대적으로 더 큰 것으로 알려져 있습니다.

한국에서 초미세먼지(PM2.5)에 대한 환경기준은 2015년부터 시행되고 있으며 연평균 기준치는 25㎍/㎥입니다. 질병관리본부에 따르면 초미세먼지 농도는 지난해 전국 11개 측정소 중 6곳에서 평균 25㎍/㎥를 넘었으며, 뉴욕 13.9㎍/㎥의 2배 수준입니다.

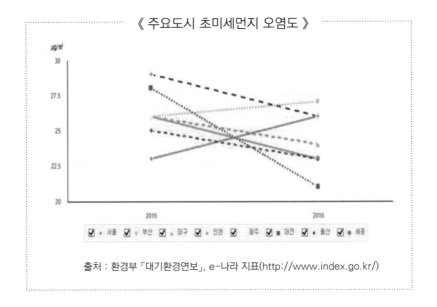

《 주요도시 초미세먼지 오염도 》

출처 : 환경부 「대기환경연보」, e-나라 지표(http://www.index.go.kr/)

초미세먼지는 대장균 정도의 크기이며, 기관지를 넘어 폐포 깊숙이 들어가 폐포를 꾸준히 자극하게 되며 세포가 분열할 때 돌연변이 발생 가능성을 높입니다.

만약 미세먼지의 농도와 성분이 동일하다면 입자크기가 더 작을수록 건강에 해롭다고 할 수 있습니다. 같은 농도인 경우 PM2.5는 PM10보다 더 넓은 표면적을 갖기 때문에 다른 유해물질들이 더 많이 흡착될 수 있습니다.

질병관리본부에 따르면, 미세먼지(PM10) 농도가 10㎍/㎥ 증가할 때마다 만성 폐쇄성 폐질환(COPD)으로 인한 입원률은 2.7%, 사망률은 1.1% 증가합니다.

특히, 초미세먼지(PM2.5) 농도가 10㎍/㎥ 증가할 때마다 폐암 발생률이 9% 증가 하는 것으로 나타나므로, 우선 미세먼지에 장시간 노출되지 않도록 주의하는 것이 가장 중요합니다.

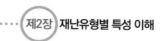

MEMO

2 | 자연재난

2.2.1 폭염 특성

기후변화로 인한 폭염의 발생 빈도 및 강도가 심화되고 발생시기의 불확실성이 가중됨에
따라 기상청에서는 폭염 특보를 제공하고 있습니다.

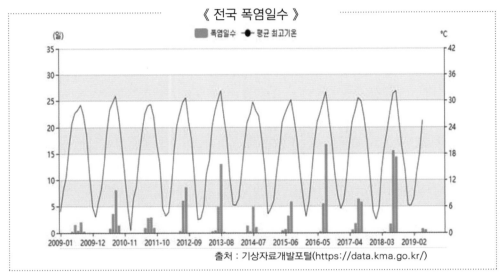

《 전국 폭염일수 》

출처 : 기상자료개발포털(https://data.kma.go.kr/)

2005년에서 2014년까지 사망자로 등록된 온열질환자수는 총 260명이었습니다. 월별 온열질환으로
인한 사망자수는 8월에 117건, 7월에 100건으로 가장 많았고 5월에는 7건으로 가장 적었습니다.
온열질환으로 인한 사망자수는 열사병(총 243건, 93.4%)이 다수를 차지하였습니다.

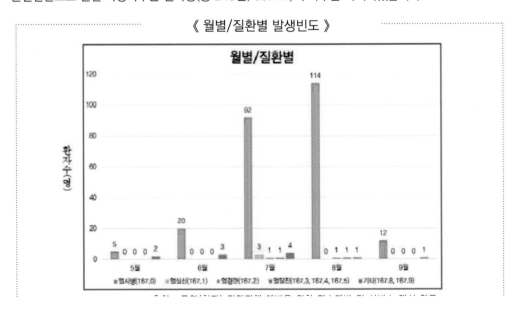

《 월별/질환별 발생빈도 》

또한 영유아/어린이 혹은 고령자가 폭염기간 중 사망 위험이 높다고 보고되고 있으며, 특히 여성 고령자가 취약하다고 보고되고 있습니다. 많은 연구에서 여성이 남성보다 폭염에 취약함을 나타나기도 하나, 일부 연구에서는 성별로 인한 폭염의 사망위험에 유의미한 차이를 보이지 않았습니다.

2.2.2 태풍 특성

태풍이 발생하면 폭풍과 호우로 수목이 꺾이거나 건물이 무너지고 통신 두절과 정전이 발생하며 하천이 범람하는 등 막대한 피해가 일어납니다.

 태풍의 위력과 1945년 일본 나가사키에 떨어진 원자폭탄의 위력을 비교해보면 태풍이 원자폭탄보다 만 배 이상 큰 에너지를 가지고 있음을 알 수 있습니다.

《 태풍 에너지 비교 》

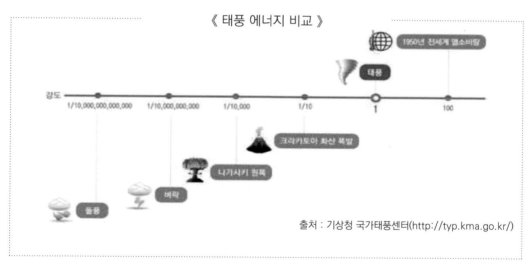

출처 : 기상청 국가태풍센터(http://typ.kma.go.kr/)

《 국내 태풍 발생빈도 》

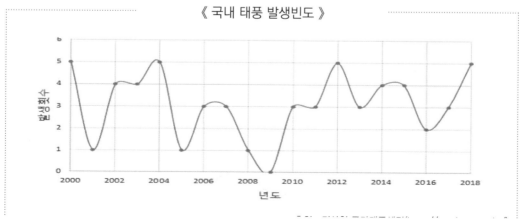

2.2.3 호우 특성

우리나라에서 발생하는 주요 호우의 형태는 전선형 집중호우 또는 태풍이 동반한 집중호우가 대표적인 형태로 나타나고 있습니다. 전선형 호우는 국지적인 집중호우의 형태가 대부분이며 경우에 따라서는 게릴라성 호우의 형태나 지형성 집중호우가 그 대표적인 형태로 나타납니다.

일반적으로 한 시간에 30mm 이상 또는 하루에 80mm이상의 강수가 발생할 때, 또는 연강수량의 10%에 상당하는 비가 하루에 내리는 정도를 호우라고 판단합니다. 호우는 하천 범람, 산사태, 침수 등을 통해 인명피해와 재산피해를 발생시킬 있어 스포츠행사 운영장소에 따라 인접 환경에 대해 사전에 파악하고 예방조치를 취해야 합니다.

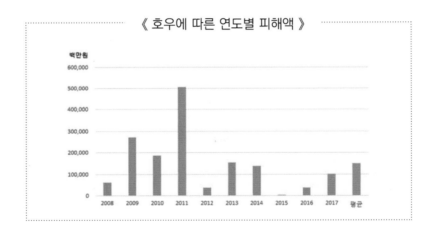

《 호우에 따른 연도별 피해액 》

2.2.4 강풍 특성

바람은 두 지점 간 온도 및 기압의 차이로 인해 공기가 이동하는 현상으로, 이러한 온도와 기압차이가 커지게 될 경우 바람의 세기 또한 증가하게 됩니다. 강풍피해는 기압, 온도의 차가 커지는 시기에 자주 발생하는 특징이 있으며, 이러한 피해를 막기 위해 강풍주의보 등을 발령하여 피해예방을 위한 조치를 하도록 하고 있습니다.

우리나라 기상청에서는 10분간 바람의 평균속도가 초속 10m/s 이상인 경우의 바람을 강풍으로 정의하고 있습니다.

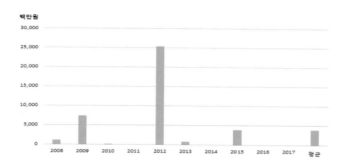

2.2.5 대설 특성

　짧은 시간에 많은 양의 눈이 내리는 기상현상을 대설이라고 하며, 기상학적 측면에서 대설은 12시간에 10cm 이상의 신적설 또는 24시간 15cm이상의 신적설이 발생하는 것을 말합니다.

　전 세계적으로 대설·한파의 강도가 점차 강해지는 추세이며, 국내에도 마찬가지로 잦은 한파와 기록적인 대설이 꾸준히 발생하고 있습니다. 특히 예보 적설량을 초과하는 기습 강설이 발생하고 있어 스포츠행사에서도 마찬가지로 대설에 철저히 대비해야 합니다.

　대설에 의한 피해는 일반적으로 눈이 많이 쌓여 발생하는 적설피해, 눈압력에 의해 발생하는 설압 피해, 쌓인 눈이 가파른 경사면에서 미끄러져 발생하는 눈사태 피해, 젖은 눈이 송전선이나 기타 가설물에 부착되어 발생하는 착설 피해, 도로 빙판화에 따른 교통사고 피해 등이 있습니다.

　대설 위험시설은 노후주택, 시장아케이드, 슬레이트 지붕, 체육관 등 가설건축물 등이 포함됩니다.

2.2.6 한파 특성

　한파는 저온의 한랭기단이 위도가 낮은 지방으로 몰아 닥쳐 급격히 기온이 떨어지는 현상을 말합니다. 최근 지구온난화로 인해 북극의 빙하가 점차 줄어들게 되면서 북극해에 바닷물이 따뜻해짐에 따라 녹은 빙하가 수증기로 올라가게 됩니다. 이 수증기들이 흩어져 북반구에 폭설을 유발시키고 그에 따라 한파도 몰아치게 됩니다.

　지난 2010년 12월 24일부터 2011년 1월 31일까지 전국적으로 39일간 한파가 지속되었는데 북극의 찬 공기가 남하하면서 대륙고기압이 평년보다 강하게 발달하여 강한 추위가 오랜 기간 지속되었습니다.

　한파가 신체에 미치는 영향은 급작스런 기온 가항에 따른 건강이상 발생, 동상 발생, 저체온증 발생 등이 있으며, 한파 발생 시 건강관리에 유의해야 합니다. 체온유지를 위해 10~15%의 에너지가 더 소비되므로 운동강도를 평소에 70~80% 수준으로 낮추는 것이 좋습니다.

2.2.7 지진 특성

　1980년대 후반 이후 지진감지 횟수는 증가추세를 보이고 있으며 특히 2016년 경주 지진과 2017년 포항 지진이 발생한 이후 여진 등으로 인해 지진발생 횟수가 크게 증가하였습니다.

　우리나라의 전체 지진발생 경항은 관측망 현대화 및 지진분석 시스템의 성능 향상으로 1998년 이후 뚜렷한 증가추세를 보이고 있습니다. 현재 2.0 규모의 지진부터 관측망을 통해 감지 가능하며 2018년 국내 지진(규모 2.0 이상)발생 횟수는 총 115회로 2016년 (총 252회)과 2017년(총 223회)에 이어 세 번째로 많은 지진이 발생하였습니다.

　국내 지진발생 현황을 살펴보면, 내륙에서는 주로 대구·경북지역에서 상대적으로 많은 지진이 발생하였으며 해역에서는 서해에서 지진 발생 빈도가 높은 것으로 나타났습니다.

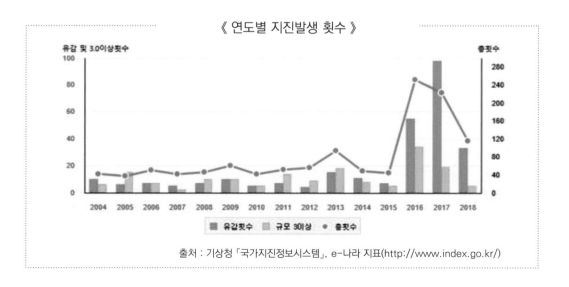

《 연도별 지진발생 횟수 》

출처 : 기상청 「국가지진정보시스템」, e-나라 지표(http://www.index.go.kr/)

Chapter 3
재난대응 행동요령

1 사회재난 − 미세먼지, 초미세먼지

미세먼지 농도가 31~80㎍/㎥(초미세먼지 16~50㎍/㎥)로 '보통' 수준일 때는 실외활동에 특별히
제약을 받을 필요는 없습니다. 다만 호흡기 질환자나 심혈관 질환자 등 '민감군'에 해당한다면 미세먼지
에 대해 각별히 유의해야 합니다.

미세먼지 농도가 81~150㎍/㎥(초미세먼지 51~100㎍/㎥)로 '나쁨' 수준일 때는 장시간 실외활동을
자제하는 것이 바람직합니다. 만약 실외활동 중 눈에 이상이 발생하거나 심한 기침, 목 통증으로
불편함을 느낀다면 그 즉시 활동을 중지해야 합니다.

미세먼지 농도가 151㎍/㎥(초미세먼지 101㎍/㎥) 이상으로 '매우나쁨' 단계라면 '민감군'은
실외활동을 하기 전 의사와 충분히 상담하여 결정을 내리는 것이 좋습니다.

미세먼지 농도가 높은 날 외출을 한다면 마스크를 착용해야 합니다. 마스크는 보건용 마스크를
선택해야 하며 코와 입을 완전히 가리도록 밀착해 착용해야 합니다.

마스크는 모양을 변형시키지 말아야 하고, 착용 후에는 되도록 겉면을 만지지 않도록 주의해야합니다.
마스크 안쪽이 오염됐다면 사용을 자제하여야 합니다.

외출 후에는 반드시 손을 씻고 물을 많이 마시는 것이 도움이 될 수 있습니다.

2 자연재난 – 폭염

〈폭염 발생 시 행동요령〉

– 더위로 인한 질병(땀띠, 열경련, 열사병, 울열증, 화상)에
  대한 증상과 대처방법을 사전에 알아둡니다.

– 현기증, 메스꺼움, 두통, 근육경련 등의 증세가
  보이는 경우에는 시원한 곳으로 이동하여 휴식을
  취하고 천천히 물 또는 음료를 섭취합니다.

– 단, 카페인이 들어간 음료나 주류는 섭취 하지 않습니다.

– 스포츠행사가 진행되는 경기장 내 냉방기가
  설치되어있는 곳 또는 그늘진 곳으로 이동하여
  더위를 피합니다.

출처 : 서울시(2014)「서울사랑, 안전서울」

– 낮 12시 ~ 오후 5시 사이에는 냉방이 가능한
  실내에서 스포츠활동을 하거나 2시간정도 머물도록 합니다.

《 참고 》더위관련 질병 상식

종류	증상	대처요령
땀띠 (한진)	땀을 많이 흘려 피부가 자극을 받으면 붉은색이나 무색의 좁쌀 같은 발진이 생기는 것을 말한다. 긁으면 땀구멍이 막혀서 피부 상태가 나빠지고 화상이나 습진으로 악화될 수 있다.	일단 환자를 시원한 곳으로 옮기고, 땀에 젖은 옷을 마른 옷으로 갈아입히고 상처 부위를 잘 닦아 주어야 한다. 환자가 가려움증을 호소할 경우에는 의사의 진료에 따라 항히스타민을 처방할 수 있다.
열경련	땀을 많이 흘렸을 때 우리 몸에 꼭 필요한 수분과 염분이 부족해서 생기는 것으로 주로 근육 중심으로 경련이 일어나는 증상이다. 심하면 현기증과 구토를 유발한다.	환자는 그늘에서 쉬게 하고 소금을 물에 녹여 섭취하게 해주어야 한다. 의사의 진료에 따라 조치한다.
열사병	고온 다습한 환경에서 몸의 열이 발산하지 못하여 생기는 병으로 높은 온도와 습도에 방치되거나 바람이 통하지 않는 뜨거운 방에 오래 있을 경우 발생될 수 있다. 열사병이 생기면 얼굴이 창백해지고 식은땀이 나며, 현기증이나 순간적으로 정신착란을 일으킬 수 있다	즉시 119에 신고하고, 환자를 그늘로 옮겨 겉옷을 벗기고, 미지근한 물로 몸을 적셔 체온이 내려가도록 한 후 의사·의료기관 등의 지시에 따른다.
울열증	태양열 아래 오랜 시간 노출되었을 경우 체온은 매우 높지만 땀이 나지 않는 상태가 되고 두통과 구토 증세를 동반하며 심할 경우 의식을 잃을 수 있다.	그늘로 옮겨 겉옷을 벗기고 미지근한 물로 옷을 적셔 물이 증발하며 체온을 낮출 수 있다. 의식이 있을 경우 물을 주고, 체온이 돌아오면 옷이나 담요로 몸을 따뜻하게 하여 냉기를 없애준다.
화상	태양열로 인해서 피부가 그을리거나 수포까지 발생할 수 있다. 신체의 3분의 2이상 화상을 입으면 생명이 위험할 수 있다.	그늘로 환자를 이동시켜 햇빛에 노출되지 않게 하고 피부에 수포가 생긴 경우에는 거즈를 이용하여 덮어 주되 세균 감염 위험이 있으므로 수포를 터뜨려서는 안 된다.

MEMO

3 ｜ 자연재난 – 지진

〈지진 발생 시 건물 밖 대피요령〉

- 흔들림이 멈출 때까지 가방 등의 소지품으로
  몸을 보호하며 잠시 동안 자리에 머물러 있습니다.

출처 : 행정안전부「국민재난대응행동요령」

- 큰 지진이 멈추게 되면 다수의 인원이 건물 밖으로
  대피하기 위해 비상구로 모여 2차 사고 피해의 우려가
  있으니 안내에 따라 순차적으로 건물 밖으로
  대피합니다.

- 건물 밖으로 대피 시 엘리베이터 사용을 금지하고,
  비상계단을 이용하여 대피합니다.

출처 : 행정안전부「국민재난대응행동요령」

- 건물 외부에 담장, 유리창 등이 파손되어
  2차 사고가 발생할 수 있으니, 소지품등으로
  몸을 보호하면서 침착하게 대피합니다.

- 건물과 담장(벽 등)과 떨어져 이동합니다.

- 건물과 담장에서 최대한 멀리 떨어져 가방이나
  손으로 머리를 보호하면서 대피합니다.

출처 : 행정안전부「국민재난대응행동요령」

- 건물이 없는 넓은 공간으로 대피 합니다.

- 떨어지는 물건에 주의하며 신속하게
  운동장이나 공원 등으로 신속히 대피합니다.

- 이동할 때에는 차량을 이용하지 않고
  걸어서 대피합니다.

출처 : 행정안전부「국민재난대응행동요령」

- 엘리베이터를 타고 있을 때에는 즉시 내립니다.

- 지진이 발생하면 엘리베이터를 타지 말아야합니다.

- 엘리베이터를 타고 있다면 모든 층의
  버튼을 눌러 가장 먼저 열리는 층에서
  신속하게 내린 후, 계단을 이용하여 대피합니다.

- 만약 엘리베이터 안에 갇혔을 때는
  인터폰이나 휴대폰을 이용하여 구조를
  요청합니다.

출처 : 행정안전부「국민재난대응행동요령」

〈진동을 느꼈을 때의 행동요령, 건물 내(실내에 있을 때)〉

- 지진에 의한 진동을 느끼게 되면 제일 먼저 자신의 안전을 최우선으로 행동해야 합니다.

- 진동을 느꼈다면 초기의 진동으로 지진의 규모를 판단하지 말고 반드시 신체의 안전을 확보합니다.

- 책장과 같은 무거운 가구나 롤러가 부착된 이동식 가구에서 멀어지도록 하고 책상 등의 신체를 보호할 수 있는

  가구 밑으로 들어가 안전한 공간을 확보합니다.

- 원칙적으로 진동이 멎을 때까지 주변상황을 관찰합니다.

출처 : 東京消防庁(2011), 長周期地震動等に対する高層階の室内安全対策専門委員会報告書

〈진동을 느꼈을 때의 행동요령, 건물 내(복도 등에 있을 때)〉

- 복도나 홀 등에 있을 때에는 주변에 위험이 되는 가구 등이 없기 때문에 실내에 있는 것 보다는

  비교적 안전하다고 할 수 있습니다. 때문에 복도 등에서는 진동에 의한 전도에 의한 부상을 막는 것이 중요합니다.

- 자세를 낮추고 난간 등을 힘껏 잡아 신체의 안전을 확보하면서 진동이 멎을 때까지 기다립니다.

- 난간이 있는 경우 난간을 잡고 진동이 멎을 때까지 기다립니다.

- 난간이 없는 경우 두손을 바닥에 짚어 자세를 낮추고 기다립니다.

- 바닥에 완전히 앉는 경우 안정적이지 않으며, 지진의 여파로 뒤로 넘어갈 수 있기 때문에 지양합니다.

출처 : 東京消防庁(2011), 長周期地震動等に対する高層階の室内安全対策専門委員会報告書

01 빌딩이 많은 도심지에서는 깨진 유리창이나 간판 등이 떨어져 다칠 우려가 있으므로, 주변에 가까운 공원이나 넓은 공간이 없다면 최근에 지은 튼튼한 건물 안으로 들어가 우선 몸을 보호합니다.

02 담장이나 전봇대는 지진으로 넘어지기 쉬우니 절대 기대지 말아야 합니다.

03 화재가 발생하면 손수건 등으로 코와 입을 막은 후 연기를 피하여 최대한 낮은 자세로 대피합니다.

04 야간에는 넘어지거나 추락할 위험이 있으니, 손전등을 사용하여 조심해서 대피합니다.

05 지하공간에서는 정전 시 벽에 붙어 이동하고 가까운 출입구를 통해 밖으로 나갑니다.

06 경기장 내 화장실 등 거울이나 전구 등이 많은 장소에 있을 시 파손으로 다칠 수 있으니, 최대한 빠르게 나와 안전한 장소로 이동합니다.

07 갇혔을 때는 주변의 딱딱한 물건을 이용하여 소리를 내어 구조를 요청합니다.

〈지진상황 종료 후 행동요령〉

- 부상자를 살펴보고 즉시 구조요청을 합니다.

- 흔들림이 멈춘 후 주변에 부상자가 있으면 이웃과 서로 협력하여 응급처치하고 119에 신고합니다. 또한 주변에 안전요원이 있을 시 신속히 구조요청을 합니다.

- 주변 피해 상황에 따라 귀가여부를 결정 합니다.

- 지진이 발생하면 통신기기 사용이 폭주 등으로 인한 일시적인 장애가 발생할 수 있으니 당황하지 말고, 경기장 재난안전 상황실 또는 안전요원의 정보에 따라 행동합니다. 또한 라디오 및 주변 공공기관이 제공하는 정보에 따라 행동합니다.

출처 : 행정안전부「국민재난대응행동요령」

4 | 자연재난 – 풍수해

〈풍수해 발생 시 행동요령〉

– 안전요원의 지시에 따라 주변에 있는 사람들과
  함께 대피합니다.

– 안전요원이 없을시 위험지역은 접근하지 말고,
  즉시 안전한 지역으로 주변에 있는 사람들과 함께
  대피합니다.

–주변에 연세가 많거나 홀로계신 어르신,
  어린이, 장애인 등 대피에 어려움이 있는 분들은
  안전하게 대피할 수 있도록 도와줍니다.

출처 : 행정안전부「국민재난대응행동요령」

– 지하 공간 등 침수가 발생할 수 있는
  위험지역에는 접근하지 않도록 합니다.

– 견고한 건물로 즉시 이동하고 주변에 있는 사람들
  또는 안전요원에게 위험지역을 알려줍니다.

저지대, 상습 침수지역, 산사태 위험지역 등에서는
안전한 곳으로 대피합니다.

출처 : 행정안전부「국민재난대응행동요령」

5 자연재난 – 낙뢰

〈낙뢰 발생 시 행동요령〉

– 경기장 내 또는 밖의 전등이나 전기제품으로부터
   1m 이상의 거리를 유지합니다.

– 등산용 스틱이나 우산같이 긴 물건은 세워두지 않고,
   몸에서 떨어뜨립니다.

– 높은 곳은 위험하므로 정상부에서는 낙뢰 발생 시
   신속히 낮은 지대로 이동합니다.

출처 : 행정안전부「국민재난대응행동요령」

– 번개를 본 후 30초 이내에 천둥소리를 들었다면
   신속히 안전한 장소로 대피하여 즉시 몸을 낮추고
   건물 안으로 대피합니다.

– 번개를 본 이후에 천둥소리가 들릴 때까지 시간을 센 후,
   이 시간이 30초 또는 더 작다면 즉시 건물이나 자동차와
   같은 안전한 장소로 이동합니다. 이후 마지막 천둥소리가
   난 후 최소한 30분정도 더 기다렸다가 움직이는 것이 좋습니다.

– 자동차에서는 차를 세우고 라디오 안테나를 내린 채
   차 안에서 그대로 기다립니다.

출처 : 행정안전부「국민재난대응행동요령」

– 낙뢰는 해상에서도 발생하기 때문에 수상/수중
   스포츠 활동을 하고 있다면 즉각 중지하고
   건물 안 등으로 대피해야 합니다.

<**낙뢰를 맞았을 때**>

– 낙뢰로부터 안전한 장소로 주변인들과 함께 피해자를 옮기고 의식 여부를 살핍니다.

– 환자의 의식과 호흡이 없다면 그 즉시 심폐소생술을 실시합니다. 또한 119 또는 인근 병원에
즉시 연락하고, 구조요원이 올 때까지 주변인들과 함께 심폐소생술 실시와 체온유지에 힘씁니다.

– 피해자가 맥박이 뛰고 숨을 쉬고 있다면, 주변인들과 함께 피해자의 다른 상처를 가능한 빨리
찾습니다. 몸에서 낙뢰가 들어가고 빠져 나온 부위의 화상을 체크하며, 신경계 피해, 골절, 청각과
시각의 손상을 체크합니다.

– 의식이 있는 경우에는 주변인들과 함께 피해자 자신이 가장 편한 자세로 안정케 합니다.
감전 후 대부분 환자가 전신 피로감을 호소하기 마련입니다. 환자가 흥분하거나 떠는 경우에는
말을 거는 등의 방법으로 환자가 침착해지도록 합니다.

– 환자의 의식이 분명하고 건강해 보여도, 감전은 몸의 안쪽 깊숙이까지 화상을 입히는 경우가
있으므로 최대한 신속하게 병원에서 응급 진찰을 받을 필요가 있습니다.

MEMO

재난대응 매뉴얼
참여자

스포츠안전재단
KOREA SPORTS SAFETY FOUNDATION

※ 본 매뉴얼은 문화체육관광부와 국민체육진흥공단의 지원을 받아 제작되었습니다.

캠핑레저를 안전하게 즐기기 위한 가이드 **캠핑레저문화**

초 판 발 행 | 2023년 6월 15일
편 저 자 | 유동균 · 정수봉 · 김 범 · 최승국 · 성윤범 · 이우진 공저
발 행 처 | 오스틴북스
등 록 번 호 | 제 396-2010-000009호
주   소 | 경기도 고양시 일산동구 백석동 1351번지
전   화 | 070-4123-5716
팩   스 | 031-902-5716

정   가 | 16,000원
I S B N | 979-11-88426-75-1(03690)